LES GUIDES CREATIFS

A. Bisio

comment faire le pain chez soi

LE GRAND LIVRE DU MOIS

Malgré l'attention portée à la rédaction de cet ouvrage, l'auteur ou son éditeur ne peuvent assumer une quelconque responsabilité du fait des informations proposées (formules, recettes, techniques, etc.) dans le texte.
Il est conseillé, selon les problèmes spécifiques – et souvent uniques – de chaque lecteur, de prendre l'avis de personnes qualifiées pour obtenir les renseignements les plus complets, les plus précis et les plus actuels possible.

à Madame Pina
et à Erika, Maria Chiara et Davide qui sont mon avenir

J'adresse mes meilleurs remerciements à tous ceux qui m'ont procuré des recettes et mis leur expérience à ma disposition :
Monsieur Italo Rava, Président de l'Association des Boulangers Artisans d'Alessandria ;
la boulangerie Porta e Barattini de Serravalle Scrivia (Alessandria) ;
la boulangerie Fossati de Arquata Scrivia (Alessandria) ;
le docteur Maurizio Sentieri de l'Institut Bergese de Gênes ;
l'aimable personne en charge du service des consommateurs de Gênes ;
mes chères amies Enza, Rosanna et Clara ;
Monsieur Zorzi.

Je remercie particulièrement mon mari Gianpaolo.

L'éditeur remercie l'organisme français E.P.I. (Espace Pain Information) pour sa précieuse collaboration.

Photos de l'intérieur de M. Giberti, sauf mentions contraires

Traduction de Raffaella Ruggeri

Dessins de M. Ameli

Imprimé en Italie

Sommaire

Introduction

Le pain, symbole d'authenticité et de tradition, représente depuis des siècles un moyen de subsistance irremplaçable, d'une importance vitale pour l'homme.
C'est un aliment strictement lié aux valeurs culturelles et sociales, qui a accompagné l'histoire de l'humanité et qui est parvenu jusqu'à nous pratiquement inchangé.
Ce qui n'était à l'origine qu'un simple pétrissage d'eau et de farine s'est progressivement enrichi d'autres ingrédients comme le sel, la levure, les corps gras et d'autres types de farines. Bien qu'à notre époque, la production de la plupart des produits alimentaires ait subi une profonde métamorphose, en passant de la préparation manuelle à la fabrication mécanique, le pain reste toutefois un des rares aliments à conserver ses caractéristiques originales de départ : c'est pour cette raison qu'il reste un aliment fondamental de notre régime quotidien.
Le métier de boulanger ne se résume pas à utiliser des machines de pétrissage mais il nécessite aussi de grandes qualités d'imagination et un véritable talent professionnel pour manipuler directement la pâte : on peut donc considérer cette activité comme étant un véritable art.
L'originalité du pain – ce qui rend cet aliment toujours unique, particulier – est qu'il fait appel à l'expérience personnelle de chacun.
L'amour et la passion pour un métier ancien rassemblent tous les artisans boulangers, quel que soit l'endroit où ils exercent leur activité.
Les personnes qui voudraient approfondir leurs expériences après avoir lu cet ouvrage pourront s'adresser à leur boulanger ou bien au syndicat proche de chez eux. Elles trouveront des personnes disposées à leur offrir leurs conseils et leur sens professionnel : ainsi, vous pourrez enrichir votre lecture par des expériences pratiques, qui vous feront découvrir la qualité et l'authenticité du bon pain.

Italo Rava

PREMIÈRE PARTIE

La farine

La production

Le terme farine, qui dérive de *far*, la céréale utilisée par les Romains, est encore utilisé pour nommer la poudre, généralement très fine, obtenue par le broyage à sec des aliments végétaux, graines ou semences des céréales, légumineuses ou des fruits (farine de châtaignes), et d'aliments d'origine animale séchés (farine de poisson).

Les produits d'origine

Le **froment** est de toutes les céréales la plus utilisée pour la panification. Les céréales (riz, seigle, orge, avoine, maïs, millet, etc.), appartenant à la famille des Graminées, constituent une des sources alimentaires les plus importantes pour l'homme, mais le froment, s'adaptant facilement à tous les types de sols et de climats, est dans l'absolu le plus cultivé et le plus répandu. Il tient donc un rôle de prestige également sur le plan économique. Il en existe dix types, mais ceux utilisés dans la panification sont :
– le *Triticum vulgare*, le **blé tendre**, qui sans aucun doute est le plus intéressant ;
– le *Triticum durum*, le **blé dur**, qui est plus utilisé dans la production des pâtes.

D'autres aliments utilisés dans la panification sont :
– le **sarrasin** ou blé noir, appartenant à la famille des Polygonacées ;
– le **soja**, une légumineuse ;
– le **maïs**, l'**avoine**, le **millet** et les autres céréales déjà citées.
Les facteurs climatiques et environnementaux, outre génétiques, ont un effet sur la qualité des céréales et notamment sur le froment et sur la panification des farines qui en sont le produit, dont la qualité dépend de la main de l'homme, de la mouture qui s'obtient grâce à l'action mécanique d'un moulin à meules.

La mouture

Afin d'être utilisées pour la panification et dans d'autres produits alimentaires, les céréales, et notamment le froment, sont transformées en farineux par le biais du broyage. Pendant ce traitement, les couches protectrices extérieures, contenant beaucoup de fibres, sont séparées de la partie interne du grain, l'amande farineuse du grain. Les amandes sont broyées et tamisées plusieurs fois (sept ou huit fois) jusqu'à l'obtention de farines et semoules de différents degrés de raffinage et d'une série de sous-produits dont les résidus de farine, le son et le remoulage, utilisés en faible pourcentage dans la production d'aliments complets et le plus souvent pour l'alimentation des animaux.

La valeur boulangère

La valeur boulangère des farines dépend de la présence de certaines protéines, la *gliadine* et la *glutéine*, qui ont la capacité de se lier avec l'eau pendant le pétrissage pour former le **gluten**, c'est-à-dire la trame ou masse glutineuse (voir page 15). Le gluten retient les gaz, et en particulier le gaz carbonique, produits grâce à l'action de fermentation de la levure qui provoque le gonflement de la pâte ; quand les gaz sont libérés, ils donnent au pain son aspect spongieux caractéristique. On distingue donc deux types de farines ayant une capacité différente à retenir l'eau et par conséquent un rendement différent de la pâte :

– la farine « **de force** », dont l'amalgame tenace offre une bonne résistance au déchirement, très adaptée pour la panification ;

– la farine « **faible** », conseillée pour la fabrication des gâteaux et des biscuits.

Dans les farines, la qualité rhéologique (c'est-à-dire l'équilibre des caractéristiques atteint au cours des différentes phases de traitement) qui la rend adaptée à la panification, dépend également du degré de maturation : la farine de force nécessite une période de maturation plus longue et garde intactes ses caractéristiques plus longtemps. La respiration, à savoir l'absorption de l'oxygène ambiant, contribue à l'augmentation du pouvoir rhéologique de la farine et augmente les capacités d'alimentation du levain (levure) ; pour l'usage domestique, un simple tamisage avant l'utilisation contribue à développer les processus qui viennent d'être décrits, en activant les principes enzymatiques.

La conservation

Après le broyage, les farines nécessitent un certain temps pour mûrir. Pendant cette période leurs caractéristiques sont améliorées, mais passé cette période ces mêmes caractéristiques commencent à diminuer et disparaissent.

La conservation doit avoir lieu dans des endroits bien secs et aérés : l'augmentation des températures et de l'humidité, qui conformément à la loi ne doit pas dépasser 14,5 ou au maximum 15,5 %, provoque des altérations telles que la moisissure, l'acidité, le ranci et la prolifération de parasites. Le consommateur peut facilement déterminer l'état de conservation des farines par un rapide examen visuel et olfactif ; une farine bien conservée présente en effet un goût délicat et agréable, ne forme pas de grumeaux et garde inaltérée sa couleur. Seules les farines de force se conservent plus longtemps sans altération des caractéristiques rhéologiques ; la farine complète, par contre, a une période de conservation très brève.

Les différents types de farines

Pour la panification, nous l'avons déjà dit, la farine la plus utilisée est la farine de froment, mais d'autres farines peuvent également être utilisées lors du pétrissage et, dans ce cas, conformément à la loi, sur l'étiquette

du pain doivent figurer les végétaux d'origine de la farine.
Le pain se divise en effet suivant les types de farines en :
– **ordinaire**, quand il est produit avec de la farine de blé tendre ;
– de **farine de blé dur** ou **pur froment**, semoules et finots quand il est produit avec les grains de blé dur réduits en farine ;
– **complet**, quand il est produit avec de la farine, justement, complète ;
– **spécial**, quand il est produit avec d'autres types de farines, même si elles sont mélangées avec la farine de froment (pain de seigle).

Farine de froment

La farine de froment, tout en ayant une bonne valeur nutritionnelle, présente des carences de certaines substances protéiques, parmi lesquelles les **acides aminés** *lysine* et *tryptophane*, indispensables pour l'organisme humain : la compléter avec d'autres aliments peut compenser ce déséquilibre. À partir du broyage du froment, on obtient :
– du blé tendre : des farines ;
– du blé dur : les semoules et les finots.

Farine de blé tendre

La farine que l'on obtient par broyage du blé tendre, qui présente de petits granulés plutôt ronds, est la plus utilisée pour la panification et la seule qui, conformément à la loi, puisse être mise sur le marché sous la dénomination de « farine », suivie du type qui est représenté par un chiffre selon le contenu en fibres et protéines : 45, 55, 80, 110 et 150 (complète).

- La **45** désigne la farine la plus blanche, mais aussi la plus pauvre en fibres et protéines qui, avec la **55**, est la plus utilisée pour la préparation domestique, artisanale ou industrielle, des produits de four.

- Celles de type **80** et **110** sont moins recherchées et moins répandues.

- La farine **complète** possède le pourcentage le plus élevé en fibres et une très grande valeur nutritionnelle en dépit de son aspect peu engageant.

Farine de blé dur

Les **semoules** et les **finots**, composés de granulés plus gros d'aspect translucide, sont utilisés en général pour la production des pâtes ou pour réaliser des pains typiques surtout dans la région de Roubaix.

Farine de seigle

C'est la plus utilisée pour la panification après la farine de froment, surtout chez les peuples de langue allemande mais aussi en Bretagne, dans le Centre et le Sud-Ouest et en Italie septentrionale. Il en existe deux variétés, l'une d'été et l'autre hivernale qui semble posséder des caractéristiques boulangères plus élevées. La farine de seigle, plus foncée que celle de froment à laquelle elle est normalement mélangée, apporte aux produits de four une couleur et un parfum caractéristiques. Elle contient un gluten très semblable à celui du froment et permet d'obtenir un pain assez souple et particulièrement savoureux.

Farine de maïs

Bien que le maïs présente une carence de diverses substances importantes, tel

le calcium, et certaines vitamines, il constitue toutefois une importante source alimentaire.
La farine de maïs, pour être utilisée dans la panification, doit présenter une graine très fine (inférieure à 0,25 mm) et à cause de la quantité très faible en gluten rendant difficile le levage, doit être mélangée à raison de 25 % avec celle de froment. La faible valeur nutritive du produit est améliorée au niveau artisanal et industriel grâce à l'ajout de sels minéraux et vitamines, au pétrissage avec du lait qui facilite l'assimilation de certaines vitamines qui, sinon, ne seraient pas utilisables par l'organisme.

Farine d'avoine

Riche en protéines et en substances nutritives, l'avoine occupe une place assez importante dans l'alimentation humaine.
Qu'elle soit en farine ou en flocons, elle possède un goût savoureux car les caryopses, avant d'être soumis à transformation, sont normalement toastés.
Ne possédant pas les protéines nécessaires à la formation du gluten, elle est toutefois peu utilisée dans la panification à moins d'être mélangée avec la farine de froment. Le pain d'avoine est obtenu non seulement avec la farine mais surtout avec les flocons d'avoine et dans ce cas, son goût est bien meilleur.

Farine de millet

Sa farine enrichit le pain et les autres produits d'importants éléments utiles à l'organisme, dont l'acide salicylique ; elle possède un degré de panification très faible et ne peut être utilisée que mélangée avec de la farine de froment de très bonne qualité.

Farine complète, de soja, de maïs

Farine de riz

Le riz, qui alimente les trois quarts de la population mondiale, possède des protéines très digestes, c'est la céréale la plus riche en amidon.
Bien que parfaite du point de vue nutritionnel, la farine de riz est très peu utilisée pour la panification. En effet, comme elle ne possède pas les protéines indispensables à la formation du gluten, elle est difficile à lever.

Farine de sarrasin ou de blé noir

Le sarrasin est une plante herbacée haute de 60 cm environ, à la tige droite, rougeâtre et peu ramifiée. Ses grandes feuilles sont sagittées-cordiformes ; ses fleurs sont disposées sur de longs pédoncules. En dehors de l'art culinaire, le sarrasin est employé en médecine et en homéopathie. La farine que l'on obtient à partir de ses fruits présente une coloration plutôt foncée et un goût légèrement amer, c'est pourquoi, afin d'obtenir une pâte plus attrayante pour le grand public, elle est mélangée à d'autres farines.

Les autres éléments du pétrissage

L'eau

L'eau utilisée à des fins alimentaires doit être potable, ne doit pas être trouble ou avoir une saveur et une odeur désagréables, à des températures basses ou élevées. Sa composition chimique et la quantité de sels minéraux qu'elle contient peuvent avoir une conséquence sur la formation de la pâte et sur le rendement final du produit : une eau trop dure (qui pourra être « adoucie » par des filtres adaptés), riche en sels de calcium et de magnésium ralentit la fermentation rendant la pâte rigide et diminuant la formation de gluten ; le pétrissage nécessite donc une eau à pH légèrement acide (pH 5-6) et non pas alcalin. La présence de chlore améliore par contre le rendement de la pâte et l'utilisation de farine de bonne qualité réduit l'effet négatif des autres substances présentes dans l'eau.
Fondamentale dans la fabrication du pain, l'eau joue un rôle multiple :

Préparé à l'origine uniquement avec de l'eau et de la farine, le pain s'est progressivement enrichi d'autres ingrédients et a été produit sous les formes les plus diverses (photo Espace Pain Information)

– c'est un lien entre la levure et la farine qui déclenche les processus enzymatiques ;
– elle contribue à la formation du gluten ;
– elle dissout la levure et le sel en améliorant l'homogénéité du mélange.
La **quantité** et la **température** sont toutefois des facteurs importants.

La quantité

La quantité d'eau nécessaire au pétrissage varie de 50 à 65 % du poids de la farine (de 500 à 650 g par kg de farine) : une farine forte, de bonne qualité, nécessite moins d'eau qu'une farine faible et riche en humidité.
Cela dépend en outre du type de pâte. Une pâte « mollette » qui se prépare à l'avance, la veille, afin de faciliter l'action de la levure demande davantage d'eau. Il ne faut pas oublier que plus on utilisera d'eau, meilleure sera la fermentation. Les autres facteurs qui ont une influence sur la quantité d'eau sont le climat et la température ambiante. Ce sera donc l'expérience qui vous indiquera la quantité nécessaire et votre toucher sera votre doseur.

La température

Pour une bonne réussite du pain, il est indispensable de vérifier la température de l'eau, entre 30 et 35 °C. La température de l'eau et celle développée pendant le pétrissage détermineront la température de la pâte qui ne doit pas dépasser 27 °C, car c'est à ce moment-là que la fermentation atteint son niveau le plus élevé.
Des températures supérieures à 37 °C et inférieures à 18 °C ralentissent l'action de la levure (voir *Règle de « 70 »*, page 18).

Le sel

Afin de donner du goût au pain, on utilise du sel de cuisine ou du sel marin (chlorure de sodium) ; le sel de mine ou sel gemme n'est pas apprécié dans la production alimentaire à cause de sa composition chimique.
Un sel de bonne qualité ne doit pas présenter un goût amer ou rendre l'eau trouble. Entre le gros sel et le sel fin, ce dernier est conseillé car il se dissout complètement dans l'eau sans laisser de résidus ; si l'on veut utiliser du gros sel, il convient de le faire dissoudre dans de l'eau tiède en veillant à ne pas laisser de résidus au fond.
Le sel intervient non seulement sur la coloration du pain qui aura une croûte dorée et la mie blanche, mais sur la pâte qu'il rend plus compacte ; il convient donc de l'ajouter au moment du pétrissage car il en améliore les résultats. Attention : le sel ne doit jamais être en contact direct avec la levure. Il convient normalement de l'utiliser à la quantité de 2 % environ, mais cela dépend des recettes : en général, le pain diététique et les pains spéciaux en contiennent une quantité inférieure ; dans les pâtes contenant du sucre la quantité de sel est de 1,2 %.
Un surdosage entraîne le blocage de la fermentation et compromet le résultat.

La levure

La définition des agents levants s'applique à toutes les substances qui contribuent à l'augmentation de volume de la pâte : l'agent principal est l'anhydride carbonique qui, dans le levage du pain, est obtenu grâce au levage biologique.
La levure est en effet une cellule vivante, un champignon des Ascomycètes appartenant à la famille des *Saccharomyces*, qui provoque la fermentation.

La levure de bière

C'est le champignon *Saccharomyces cerevisiae* appelé également « de bière » parce que dans le passé il était extrait des résidus de la fermentation des moûts de bière. Aujourd'hui il est extrait de la mélasse, un sous-produit qui dérive du traitement de la betterave sucrière ou de la canne à sucre ; il est « comprimé » car il est vendu en cubes de 25-30 g pour usage domestique et de 500 g pour les boulangeries.
La levure se nourrit des sucres contenus dans la farine (saccharose, maltose et amidons) et les transforme, par le biais de la fermentation produite par les enzymes, en dextrose et fructose qui, toujours grâce à des processus enzymatiques, donnent des pro-

duits résiduels : anhydride carbonique et alcool.
L'anhydride carbonique se combine avec le gluten présent dans la farine qui, par dilatation thermique augmente de volume pendant le pétrissage (maturation de la pâte) et pendant la cuisson ; l'efficacité de cette activité, qui constitue la fermentation du pain, atteint son point culminant quand la température de la pâte atteint 27 °C.

Avant d'utiliser la levure, il faut toujours l'émietter

La levure naturelle ou levain

Pour l'obtenir, vous disposez sur le plan de travail les ingrédients (500 g de farine de force, 1 pot de yaourt nature – agent acidifiant – et de l'eau tiède en quantité suffisante), vous les mélangez longuement en pétrissant énergiquement en y mettant toute la force de vos bras.
Après avoir formé une boule de pâte consistante et sèche, entourez-la avec une serviette propre sans trop serrer.
Gardez le tout dans un conteneur avec un couvercle non hermétique afin de le laisser reposer à une température tiède (25 °C environ). La fermentation naturelle repose sur le développement de levures présentes à l'état naturel dans la pâte (surtout dans la farine et dans l'eau).
Le lendemain enlevez la serviette et éliminez la partie externe de la boule de pâte qui a pu former une croûte.
Pesez la pâte et enlevez 425 g ; ajoutez la même quantité de farine et la quantité d'eau nécessaire et pétrissez pendant 10-15 minutes.
Après avoir formé une boule de pâte enroulez-la dans une serviette propre comme précédemment.
Laissez reposer la pâte loin de toute source de chaleur jusqu'au lendemain. Afin d'obtenir une levure avec une force adéquate, il convient de répéter ces opérations pendant environ 15-20 jours, mais pour qu'elle conserve son efficacité il faudra la rafraîchir tous les jours, ou au moins une fois par semaine.
La levure naturelle est très efficace pour le levage du pain et indispensable pour les pâtes levées, brioches, pains briochés, etc. En général, elle donne en outre plus de goût et de croquant au pain.

La durée et l'utilisation

La levure instantanée et la levure séchée active prêtes à l'emploi ne présentent pas de problèmes de conservation : pour les réactiver il suffit de les dissoudre dans de l'eau chaude quelques minutes avant leur utilisation en ajoutant, si nécessaire, une pointe de sucre. La levure de bière, par contre, a une durée limitée qui va de 15 à 20 jours : si elle n'est pas fraîche sa capacité de fermentation est amoindrie et cette opération demande plus de temps ; si la durée est expirée, la levure peut être complètement inactive.

Il convient donc non seulement de contrôler la date d'expiration sur l'emballage, mais aussi de contrôler son aspect.

Une levure bien conservée présente une coloration blanc grisâtre à tonalité couleur paille et est insipide.

Des taches ou des moisissures sur la surface du cube indiquent le mauvais état de conservation du produit. Toutefois, si la levure ne dégage pas une odeur désagréable, elle peut être utilisée après avoir enlevé la partie altérée en surface : elle ne compromettra pas la réussite de la pâte.

La température de l'eau, indispensable pour activer les processus enzymatiques, a un impact sur le temps de levage, qui toutefois varie également en fonction de la température ambiante et de la saison ; en été il convient de dissoudre la levure dans de l'eau moins chaude, contrairement à l'hiver, afin d'optimiser les conditions nécessaires à son activité. (Voir *Règle de « 70 »*, page 18).

L'eau utilisée pour dissoudre la levure ne doit pas être mélangée à des substances qui « peuvent retarder ou inhiber l'action du levage, comme par exemple le sel, les matières grasses, des épices, du citron, du cacao etc. ; il convient de ne pas mettre la levure en contact direct avec ces substances à moins que l'on veuille volontairement en retarder la fermentation, par exemple en été ou dans des conditions de température élevée.

DIX RÈGLES POUR L'UTILISATION CORRECTE DE LA LEVURE

1. Organiser son approvisionnement en levure de façon à en avoir toujours à disposition ; se rappeler que la levure de bière ne dure que 15-20 jours et contrôler la date d'expiration sur l'emballage.

2. Éviter de soumettre la levure à des écarts de température importants car cela en compromet les caractéristiques.

3. La conserver dans un endroit frais (4 °C) car les basses températures interrompent les processus de fermentation, aidant ainsi à conserver plus longtemps ses caractéristiques.

4. Ne pas conserver la levure surgelée plus de 3 mois et penser à la sortir du congélateur quelques heures avant son utilisation.

5. Afin de résoudre le problème de la conservation, utiliser de la levure instantanée ou active et pour la réactiver, la dissoudre dans de l'eau chaude en ajoutant, éventuellement, une pointe de sucre.

6. Dissoudre la levure dans de l'eau tiède à 30–35 °C ; des températures inférieures ou supérieures rendent inactifs les processus de fermentation.

7. Faciliter son action en tamisant la farine avant de l'utiliser afin de réactiver ses composants.

8. Utiliser pour dissoudre la levure de l'eau plus froide en été qu'en hiver.

9. Éviter de la mettre en contact direct avec des substances qui peuvent inhiber ou ralentir son action, tel le sel.

10. La dissoudre avec les substances inhibitrices seulement lorsqu'on veut ralentir son action, par exemple en hiver ou dans des conditions de température élevée.

Les corps gras

Dans la production de pain, l'utilisation des matières grasses est normalisée par la loi ; à cet effet entrent dans la catégorie de pains spéciaux tous les pains constitués de 4,5 % de matières grasses. En dehors de l'huile, on utilise en boulangerie d'autres substances grasses comme le beurre, le saindoux non raffiné et la margarine artificielle, surtout employée en pâtisserie.

L'huile

Dans la panification l'huile de graines n'est pas préconisée car elle provoque l'augmentation de cholestérol et on préfère l'huile d'olive.
Il s'agit d'une huile végétale produite en pressant les olives et peut être :
– **vierge extra** : sans aucun doute le meilleur assaisonnement, qu'elle soit utilisée cuite ou crue ; elle est obtenue par une première pression des olives qui est moins énergique que les suivantes. En outre, elle contient un degré d'acidité très faible : 1 % ;
– **vierge** : obtenue par des produits chimiques avec les pressions suivantes, à l'exception de la dernière pression qui produit l'huile de marc d'olive.
L'huile joue un rôle multiple dans la panification ; non seulement elle accroît la valeur nutritionnelle du pain, mais elle augmente aussi la souplesse et les qualités gustatives et contribue à sa conservation.
Mais attention : les matières grasses intégrées lors du pétrissage tendent à ralentir l'action de la levure ; en revanche, il convient d'enduire la surface de la pâte d'huile lors de la fermentation afin d'éviter la formation de la croûte.

Le sucre

Le sucre peut être produit à partir de la canne à sucre, mais le plus utilisé est produit à partir de la betterave, qui, une fois raffiné, prend la coloration blanche bien connue.
Suivant la granulation, on obtient le sucre semoule, le sucre en poudre ou le sucre glace ; les morceaux provenant de la cassure, pendant le processus de fabrication, sont achetés à bas prix par les pâtisseries industrielles et artisanales.
Même s'il est utilisé pour la préparation des pains spéciaux, des pains typiques et bien évidemment des gâteaux, le sucre n'est pas prévu dans la recette du pain commun, même si un petit ajout, dans l'eau tiède, avant le pétrissage facilite la fermentation de la levure.

Le gluten

Il s'agit d'une substance élastique et résistante qui est produite par l'hydratation des protéines contenues dans la farine pendant le pétrissage : la *gliadine*, qui donne l'élasticité à la pâte et la *glutéine*, qui lui donne la résistance, dont l'équilibre détermine la réussite du pain.
Le gluten est constitué d'une trame très dense de fibres entrelacées qui ont la capacité de retenir les molécules d'anhydride carbonique et les gaz produits par l'action enzymatique des levures. S'il est ajouté pendant le pétrissage il améliore la valeur nutritionnelle et stimule des principes mécaniques qui déterminent la tenue de la pâte et sa capacité à augmenter de volume ; voilà ce qui donne l'aspect spongieux caractéristique de la pâte.

Pendant la cuisson, les gaz contenus dans la pâte se dilatent sous l'effet de la chaleur : la qualité du gluten se mesure par rapport à sa capacité d'en empêcher la dispersion, en donnant au pain un aspect plus gonflé.

Le malt

Les farines du commerce sont presque toujours le résultat d'un mélange bien étudié de diverses farines plus ou moins fortes, de façon à obtenir un produit ayant toutes les caractéristiques requises pour l'utilisation que nous voulons en faire ; mais si ces caractéristiques ne sont pas suffisantes, on a recours aux agents améliorants. L'agent améliorant, en effet, permet de surmonter les carences de la farine, alimente la levure, rend plus rapide la fermentation tout en améliorant le goût et l'arôme du produit final.
Un des ces agents est le malt, obtenu grâce au broyage des caryopses (grains) germés de blé ou d'orge.
Mis dans le commerce sous forme de farine, sirop ou poudre, la meilleure façon de l'utiliser, sous n'importe quelle forme, est de le mettre en contact direct avec la levure en les dissolvant dans la même eau.

Pains français aux dimensions variées (photo Espace Pain Information)

La fabrication

Il est conseillé d'utiliser des **farines professionnelles**, à savoir des farines de force que vous pourrez vous procurer chez les boulangers ou chez votre détaillant habituel ou encore aux moulins ; les farines généralement en vente, idéales pour la fabrication de gâteaux, ne sont pas très adaptées à la production de pain.
Vous n'avez pas besoin de beaucoup d'instruments pour faire du pain : un plan de travail, éventuellement un rouleau, un tamis pour la farine, etc. Nous parlerons du four, qui est l'élément le plus important, à la fin de ce chapitre.
Le **plan de travail**, une planche ou une maie, doit être en bois ; le bois, en effet, n'altère pas la température de la pâte, ce qui permet la fermentation ; les plans en marbre ou en métal, parfaits pour la pâtisserie, doivent être utilisés exclusivement à côté de sources de chaleur.
Le pétrissage peut être effectué à la main ou à l'aide d'un pétrin. Il existe des modèles à usage domestique. Le but du pétrissage est de bien faire pénétrer dans la pâte l'air et l'eau, éléments qui facilitent la fermentation des levures. Suivant la quantité d'eau, qui varie entre 55 et 65 % du poids total, on obtient des pâtes de types différents.

La méthode indirecte avec les pâtes de « report »

Les pâtes de « report » sont des mélanges de farine, de levure et d'eau préparés à l'avance qui apportent pendant le pétrissage une quantité de levures déjà actives qui permettent une fermentation plus rapide, rendent le produit plus digeste avec une croûte croquante et friable. Elles peuvent être acquises déjà prêtes chez les boulangers ou faire partie d'une pâte précédente.
Même conservées dans le réfrigérateur, couvertes et enduites d'huile pour éviter la formation de la croûte, elles ne se conservent pas plus d'une semaine.
Les pâtes de « report » les plus courantes sont le **levain**, utilisé principalement par les boulangers artisans et industriels, et la « **pâte mollette** », réservée surtout aux préparations domestiques.

Le levain

Ajouté à la pâte il permet d'obtenir des résultats remarquables dans le levage. Le levain doit être préparé plusieurs heures à l'avance, voire plusieurs jours, en mélangeant la levure avec la farine et l'eau jusqu'à l'obtention d'une pâte d'une certaine consistance ; cette pâte doit être « rafraîchie » et retravaillée plusieurs fois pour maintenir les levures actives. Si l'on désire retarder la fermentation et l'acidification, en cas de température ambiante trop élevée, notamment en été, il suffit d'ajouter un peu de sel.

La « pâte mollette »

C'est la méthode domestique pour préparer la pâte levée (ou de « report ») avant de la mélanger aux autres ingrédients. Il s'agit du procédé le plus recommandé dans les recettes présentées dans cet ouvrage car il offre de très bons résultats, même si l'on est débutant. Il faut préparer, avec un temps d'avance qui peut varier de 2-3 heures à 8 heures, une pâte plutôt molle en mélangeant une certaine quantité de farine à de l'eau (environ 60 % du poids total) et en ajoutant un peu de levure (de 20 à 30 g environ).

LA RÈGLE DE « 70 »

Utilisez cette règle pour savoir si la température est correcte : ajoutez à la température ambiante celle des ingrédients :

température ambiante	: 20 °C
+ farine	: 20 °C
+ eau	: 30 °C
total	**: 70 °C**

Le résultat ne doit pas être inférieur à 70 °C, en tenant compte que la température de l'eau doit être comprise entre 30 et 35 °C.

La méthode directe

Elle consiste à travailler tous les ingrédients en même temps sans ajouter la pâte levée. Cette méthode est sans aucun doute simple, pratique et rapide, toutefois il peut y avoir des problèmes dans le levage qui demandera des temps plus longs.

Le procédé

Après avoir choisi une méthode, il faut préparer méticuleusement les ingrédients :
– la farine, si possible tamisée, doit être à température ambiante ;
– la levure, réduite en miettes afin de réactiver les cellules, doit être sortie du réfrigérateur à l'avance ;
– l'eau, dont le poids dépendra de la qualité de la farine, de son taux d'humidité et de la consistance que l'on veut donner à la pâte, doit être dans la plupart des cas tiède.

- Disposez la farine en fontaine, ajoutez au centre la levure dissoute dans l'eau tiède dans lc cas de la méthode directe, ou la pâte mollette, la pâte déjà levée selon la méthode indirecte. Rappelons que c'est cette dernière qui donne les meilleurs résultats, surtout si vous débutez.

- Toujours au centre, ajoutez les ingrédients de la recette choisie et versez l'eau tiède : n'hésitez pas à verser de l'eau (si la pâte est trop molle essuyez-la avec un peu de farine) afin d'éviter une pâte dure qui ne permet pas la formation de la trame glutamique et par conséquent le levage.

Variété de pains typiquement français
(photo Espace Pain Information)

PRÉPARATION DE LA PÂTE DE « REPORT »

1. Après avoir émietté la levure de bière, ajoutez de l'eau tiède sans sel

2. Faites dissoudre entièrement la levure

3. Ajoutez de la farine de très bonne qualité

4. Faites un bon amalgame

5. Mélangez d'abord dans la terrine

6. Transférez la pâte sur le plan de travail

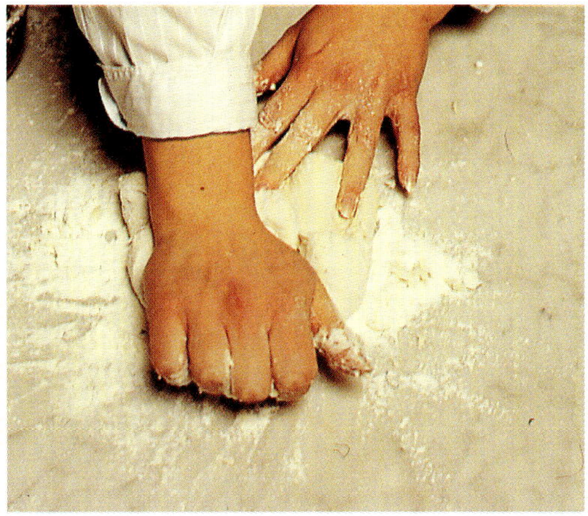

7 et 8. Commencez à pétrir

9. Travaillez la pâte avec énergie

10. Vous obtiendrez ainsi une pâte très homogène

11. Replacez ensuite la pâte dans une grande terrine en ayant au préalable saupoudré son fond de farine

12. Recouvrez l'ensemble

13. Laissez lever le temps nécessaire

14. Pendant le levage, la pâte ne doit pas subir d'écarts de température ni être exposée à l'air : on évite ainsi que sa surface ne durcisse

- Le pétrissage doit être énergique et effectué sans interruption avec les paumes des mains, en donnant l'impulsion avec les bras ; il ne doit pas durer moins de 20 minutes.

La réussite de la préparation dépend aussi de l'habileté de pétrissage (ce qui s'améliore avec l'expérience) : une pâte qui a subi un bon pétrissage, fait de légèreté et d'élasticité, quand elle est pincée, s'étire mais ne se déchire pas ; quand on la presse avec un doigt pendant quelques secondes, elle reprend tout de suite sa forme initiale ; si on la coupe, elle présente à l'intérieur une structure alvéolaire qui rappelle celle d'une éponge.

- Après avoir préparé la pâte, il faut la couvrir immédiatement avec un torchon puis avec un tissu en laine (qui constitue un très bon thermorégulateur domestique ; les professionnels utilisent des chambres de levage), et la laisser reposer dans un milieu tiède tant qu'elle n'aura pas doublé de volume : **premier levage**. On peut aussi utiliser une feuille en Nylon qui ne laisse pas passer l'air et offre l'avantage d'empêcher la formation de la croûte sur la surface de la pâte.

Quand la pâte est bien gonflée, il faut la « dégonfler » avec les doigts, la jeter sur le plan de travail et la pétrir encore pendant quelques minutes ; après lui avoir donné la forme désirée, on couvre le pain et on le laisse encore reposer : **second levage**. Seulement quand il aura doublé de volume, il pourra être introduit dans le four. La panification est un art et le pain préparé par vous-même sera unique, comme si vous l'aviez acheté chez votre boulanger.

La fabrication de pains élaborés, comme les brioches et les pâtes levées en général, exige une technique légèrement plus élaborée et fatigante : la « sérification », procédé de raffinage qui s'applique lorsque la pâte est déjà pétrie.

Après 10 minutes de levage on passe à « l'étranglement » de la pâte en la prenant avec les deux mains pour la jeter ensuite avec force sur une surface résistante (pas en bois).

Les maîtres boulangers, avant l'utilisation des machines pour la fabrication des produits de boulangerie, pratiquaient ce système en jetant la pâte cinquante, cent fois.

Le four

Le four à bois

Le meilleur four est le four au feu de bois qui reste toutefois à la portée des quelques privilégiés qui peuvent se servir des cuisinières « à l'ancienne ».

À l'intérieur il est toujours revêtu de briques réfractaires qui empêchent la dispersion de la chaleur distribuée de cette façon uniformément, au grand bénéfice de la cuisson qui sera d'autant plus régulière.

Il convient de le préchauffer, une heure et demie, voire deux heures à l'avance, avant d'introduire le pain. Il faut allumer le feu avec du petit bois afin d'obtenir une température idéale et, pour la maintenir, ajouter du bois bien sec et dur de préférence.

Si le four est équipé d'un thermostat, on doit contrôler la température, si au contraire il en est dépourvu, il faut se baser sur la couleur de la voûte. Quand celle-ci aura une coloration blanche, due à la forte chaleur, on enlève les braises et les cendres avec les outils appropriés (pelle, tisonnier, etc.) ; on nettoie avec un chiffon imbibé d'eau et on enfourne une petite quantité de pâte « échantillon ».

Le four domestique

Le four domestique a l'avantage d'être doté d'un thermostat indiquant la température et sera en outre plus facile à régler. La vapeur et l'humidité ne se développent pas comme dans les fours artisanaux ou industriels et, afin de remédier à cet inconvénient, on peut insérer dans le four un bol contenant de l'eau ; une autre ruse pour éviter que le pain se dessèche et présente une croûte trop épaisse et dure est de l'enduire d'eau avec un pinceau.
Le pain sera enfourné une fois atteinte la température nécessaire.
Si le pain tend à cuire seulement en surface, tournez-le rapidement ou couvrez-le avec du papier d'aluminium.

DIX CONSEILS POUR OBTENIR UNE BONNE PÂTE

1. Chauffer l'endroit de travail, surtout pendant la saison froide, en le portant à une température de 20-25 °C.

2. Utiliser des farines de bonne qualité.

3. Utiliser les ingrédients à température ambiante et l'eau à 30-35 °C (reportez-vous aussi à la *Règle de « 70 »*, page 18).

4. Utiliser une petite quantité de pâte à pain, qui sert de levain naturel, utilisée dans un pétrissage précédent afin de garantir un bon résultat de levage (« La levure naturelle ou levain », page 13).

5. Éviter de dissoudre la levure et le sel dans la même eau ou de les mettre en contact direct : le sel compromet l'action de la levure.

6. Ne pas utiliser de grandes quantités de sel afin de ne pas ralentir le processus de levage.

7. Ne pas limiter l'eau, afin de ne pas rendre la pâte dure : plus il y aura d'eau, mieux la pâte réussira ; mais il ne faut pas l'ajouter à la pâte déjà formée qui doit avoir à la fin une température de 20 à 27 °C.

8. Ne pas exagérer la quantité de levure s'il y en a trop cela ne facilite pas le levage mais rend la pâte acide, il faut en augmenter la quantité seulement si la recette prévoit l'ajout de substances grasses.

9. Ajouter dans l'eau pour dissoudre la levure une petite quantité de sucre : il s'agit d'un élément nutritif supplémentaire qui active les processus de fermentation ; il faut toutefois tenir compte du fait que le sucre, comme le lait, a tendance à donner une coloration plus foncée à la surface du produit en fin de cuisson.

10. Se rappeler que le lait, le miel et le sucre, à cause du processus de caramélisation, ont tendance à donner une coloration plus foncée à la surface du pain : afin d'éviter qu'elle soit trop foncée couvrez-le avec du papier d'aluminium.

La consommation de pain

Pendant des siècles le pain a été un aliment essentiel à la survie des peuples et, encore aujourd'hui, il garde une place privilégiée dans notre alimentation.

VALEUR NUTRITIONNELLE DU PAIN

La valeur nutritionnelle de 100 g de pain blanc est la suivante :
- 34 g d'eau ;
- 9 g de protides ;
- 2 g de lipides ;
- 55 g de glucides ;
- petites quantités de calcium, phosphore, sodium, chlore et vitamine B.

Les différents types de pains

La consommation de pain se limite surtout au pain ordinaire, le plus économique, et au pain de campagne.
Le pain produit de façon artisanale occupe une part de marché importante ; le pain de mie est aussi largement consommé pour faire des toasts, des tartines et tout simplement pour des raisons pratiques. Récemment est apparu sur le marché le pain surgelé déjà cuit ou à préparer, ce qui permet d'avoir à tout moment du pain toujours frais, chaud et croustillant.
Le pain fait à la maison est toutefois le seul à pouvoir garantir des ingrédients naturels et de qualité.
Les nouvelles tendances, en effet, privilégient une méthode entièrement liée à la tradition : la farine doit être rigoureusement complète et moulue juste avant la préparation afin de maintenir intactes toutes ses valeurs nutritionnelles et les outils de travail doivent être essentiellement des outils naturels.
La levure doit également être naturelle (cf. page 13).
Ce serait donc une erreur de renoncer au plaisir du pain et surtout au plaisir de le déguster encore chaud et croustillant avec son arôme pénétrant et délicieux ; surtout parce qu'en le préparant soi-même, il sera possible de profiter des joies du palais et d'utiliser son imagination pour mettre en pratique des recettes qui se trouvent dans cet ouvrage.

Calories et digestibilité

La valeur nutritive du régime méditerranéen consiste, et les diététiciens des autres pays le confirment, en la présence de glucides indispensables pour le bon fonctionnement de l'organisme, dont les pâtes et le pain sont les sources principales.
Selon des statistiques récentes, la consommation du pain a fortement baissé au cours des dernières décennies jusqu'à atteindre la valeur actuelle de 200 g par jour et par personne. Le pain est en effet remplacé par d'autres aliments considérés comme étant moins nourrissants, comme les crackers.
Toutefois, cette opinion est erronée comme le confirment les données suivantes : 100 g de pain de froment contiennent 280 calories environ contre 428 contenues par la même quantité de crackers.
On avance aussi que le pain ne serait pas digeste. Ce problème naît lorsque le pain n'est pas bien cuit ou contient beaucoup de mie : la mie du pain retient l'eau, ce qui la rend plus souple et une fois ingérée elle a tendance à former une boule qui présente une surface limitée aux sucs salivaires et gastriques qui, pour cette raison, prendront plus de temps à la rendre assimilable. Le remède est simple : il suffit d'acheter du pain bien cuit avec peu de mie, ou de le toaster légèrement.

LES CARENCES EN PROTÉINES DU PAIN DE FROMENT

Le pain de froment présente certaines carences dans la composition des protéines. Il s'agit de certains acides aminés, dont la lysine, que notre organisme n'arrive pas à synthétiser. Toutefois les carences protéiques de ce type de pain sont surmontées en ajoutant à la pâte du lait et ses dérivés ou encore de la farine de soja.

ATTENTION

Il faut en consommer dans de justes proportions, la consommation excessive entraîne une augmentation des sécrétions acides et provoque des problèmes à ceux qui souffrent d'ulcère et de colite.

Limitations et intolérance

La précédente citation sur la consommation moyenne de pain a, comme on le disait, une valeur statistique. En effet, nombreuses sont les personnes qui considèrent encore le pain comme un aliment fondamental et donc n'arrivent pas à s'en passer, même dans des situations de limitation objective et nécessaire.
Redécouvrons donc le régime méditerranéen, mais apprenons également à choisir le pain le plus adapté à nos exigences.
Au cours d'un régime amaigrissant, par exemple, ou pour aider l'activité d'un intestin paresseux, l'idéal est le pain complet, riche en fibres, en sels minéraux et en vitamines.
Il existe en outre des personnes atteintes de maladie cœliaque, surtout chez les enfants, qui ne tolèrent pas le gluten contenu dans les farines ; cette intolérance provoque des troubles gastro-intestinaux comme la diarrhée, qui peuvent dégénérer, dans les formes

graves, en avitaminose et anémie. Dans ce cas on a recours à un pain produit à partir de farines d'où l'on a retiré le gluten ou qui en sont naturellement privées, comme la farine de riz et celle de sarrasin ou de millet, les produits farinacés de maïs ou de froment contenant exclusivement de l'amidon.

La fraîcheur

Le pain fait à la maison garde sa fraîcheur plus longtemps. Par conséquent, s'il est conservé dans un sachet en papier, il durera quelques jours.
Le pain que l'on achète, par contre, a une durée différente qui varie selon le procédé de préparation des ingrédients :
– le pain blanc maintient ses caractéristiques pendant un ou deux jours ;
– le pain noir ou le pain produit avec de la farine de blé dur ou complète peut durer jusqu'à six ou sept jours ;
– le « papier à musique » (cf. page 32) garde ses caractéristiques intactes pendant des mois.
Quand le pain est vieux il ne faut pas le jeter car il peut être réutilisé : pour les hors-d'œuvre ou le dessert, il est possible d'élaborer des plats à base de pain rassis ; en outre, s'il est bien sec, il est possible de le râper pour obtenir de la chapelure qui trouve son application dans nombre de recettes.

Si le mode de conservation n'est pas adapté, le pain peut présenter des moisissures jaunes ou vertes, provoquées par des spores qui se développent en excès d'humidité et qui sont nuisibles pour l'organisme.
Si le pain est conservé dans une panetière, il convient de la nettoyer assez fréquemment avec de l'eau et un détergent, ou avec de l'eau et du vinaigre, pour éviter la prolifération des spores.

La conservation

La procédure de refroidissement comme méthode de conservation a fait naître des polémiques qui sont toutefois privées de fondement.
En effet, il est prouvé que la congélation et la surgélation n'altèrent pas les caractéristiques initiales du produit qui n'est donc pas cancérogène.
Toutefois, il convient de surgeler un produit après l'avoir enfermé dans un sachet ; il s'agit d'une excellente méthode pour conserver le pain et l'idéal serait de le couper en tranches avant de le mettre au congélateur afin de pouvoir ensuite décongeler seulement la quantité nécessaire.
Avant de l'utiliser, on le passe au four à température moyenne pendant quelques minutes, sur la grille, en plaçant une terrine avec un peu d'eau sous cette dernière.

POUR UTILISER LE PAIN RASSIS

Une solution est de le mettre dans un sachet en papier humide et de le passer au four pendant un quart d'heure à une température modérée : il redeviendra tout frais ; ou alors, si l'on préfère le pain croustillant, on le met au four sans le papier humide.
Une autre méthode consiste à le réchauffer au bain-marie, si possible dans un récipient en terre cuite avec un couvercle, le temps nécessaire pour lui rendre sa souplesse.

DEUXIÈME PARTIE
RECETTES

Les doses, sauf précision contraire, sont prévues pour la consommation quotidienne de 4 personnes. Si le dosage des ingrédients n'est pas indiqué, consulter les différentes parties du chapitre intitulé Les autres éléments du pétrissage *(à partir de la page 11), dans la première partie. L'huile et le beurre destinés à enduire les casseroles et les terrines ne sont pas mentionnés parmi les ingrédients ; les modalités à suivre sont indiquées, si besoin est, dans la description de la préparation.*

Les temps indiqués se réfèrent :

à la préparation *: préparation des ingrédients et pétrissage (temps de levage exclus) ;*

au levage *: temps de repos de la pâte ;*

à la cuisson *: dans des fours domestiques ordinaires.*

PAIN ORDINAIRE, PAIN NON LEVÉ ET PAINS SPÉCIAUX

Baguette

500 g de pâte à pain levée (voir recette pain ordinaire, page 38)
100 g de farine 45
1 cuillerée à café de sel
quelques gouttes de vinaigre

Préparation
60 minutes environ

Levage
1 nuit +
60 minutes environ

Cuisson
20-30 minutes

1. Placez sur le plan de travail la farine, la pâte à pain levée pendant une nuit, le sel et l'eau ; mettez quelques gouttes de vinaigre.

2. Pétrissez jusqu'à l'obtention d'une pâte homogène et élastique. Contrôlez avec un thermomètre la température de la pâte qui doit être comprise entre 20 et 28 °C.

3. Couvrez avec un torchon humide et laissez reposer jusqu'à ce que la pâte double de volume (60 minutes environ).

4. Partagez la pâte en trois parties ; chacune des parties doit peser 300 g environ et doit mesurer 60-70 cm de longueur. Façonnez en forme de baguette en veillant à ne pas écraser la pâte.

5. Faites des incisions transversales, pas trop profondes, sur la surface de chaque baguette et laissez cuire pendant 20-30 minutes dans le four à 180-200 °C tout en veillant à humidifier le four pendant les 15 premières minutes. Pour ce faire, placez un bol thermorésistant contenant de l'eau sur la sole du four et retirez-le au moment opportun.

Trois types de pains : français (baguette), arabe, autrichien

Papier à musique (Pain croquant)*

500 g de farine de blé dur
250 ml d'eau
5-10 g de levure
1 cuillerée à café de gros sel

Préparation
40 minutes environ

Levage
3 à 4 heures environ

Cuisson
15 minutes environ pour chaque pièce

1. Dissolvez la levure dans un peu d'eau selon la dose prévue.

2. Préparez la farine sur le plan de travail, ajoutez la levure dissoute et le reste de l'eau où le sel sera au préalable dissous.

3. Pétrissez bien la pâte qui devra devenir très molle.

4. Partagez la pâte en trois parties égales de forme ronde mesurant environ 8 cm de diamètre. Couvrez ces « petites boules » avec un torchon et laissez-les reposer pendant 3-4 heures dans un endroit tiède.

5. Prenez le rouleau et abaissez chaque boule pour obtenir des feuilles de 4 cm de diamètre et de 2 à 3 mm d'épaisseur.

6. Disposez les feuilles sur une plaque et enfournez-les toutes à 250 °C pendant 15 minutes environ. Quand les feuilles seront bien gonflées sortez-les rapidement et coupez-les avec un couteau dans le sens de l'épaisseur, de façon à obtenir deux feuilles. Une fois cette opération terminée, éliminez la mie et passez à nouveau les feuilles au four jusqu'à ce qu'elles deviennent croustillantes.

* Ce pain est typique de la Sardaigne.

Huesitos et Griol*

500 g de farine blanche 45
300 ml d'eau
du sel en quantité suffisante
25 g de levure de bière
une noix de beurre
1 cuillerée à café de sucre

Préparation
60 minutes environ

Levage
10 minutes
+ 15 minutes
+ 70 minutes

Cuisson
15 minutes environ

1. Préparez une pâte assez molle avec tous les ingrédients, en la pétrissant jusqu'à ce que vous obteniez une consistance fine et élastique.

2. Laissez reposer la pâte pendant 10 minutes. Le deuxième levage doit durer encore 15 minutes après avoir divisé la pâte ; le dernier levage doit durer au moins 1 h 10, une fois que les pains sont déjà formés.

3. Pour les Griol, il faut diviser la pâte et la laisser reposer 10 minutes. On forme ensuite ses formes rondes caractéristiques en effectuant deux coupures en forme de croix avant de les mettre au four.

4. Pour les Huesitos, il faut au contraire diviser la pâte en petits morceaux de 40 g chacun ; on forme ainsi des miches qui doivent être recouvertes de farine et laissées à reposer pendant 15 minutes. On réunit ensuite les pains, deux par deux, en leur donnant une forme caractéristique d'os (« huesitos » veut dire « osselets » en espagnol).

5. Il faut retourner les petits pains avant de les mettre au four. On les fait cuire à 210 °C pendant au moins 15 minutes.

* Les Huesitos et les Griol sont deux recettes typiques de pain espagnol.

Longuet

500 g de farine blanche 45
300 ml d'eau
10 g de sel
25 g de levure de bière
1 cuillerée à café de sucre

Préparation
30 minutes environ

Levage
15 minutes
+ 10 minutes
+ 70 minutes

Cuisson
25 minutes environ

1. Préparez une pâte assez molle et élastique avec tous les ingrédients, après avoir dissous le levain dans l'eau tiède, donné à la pâte une forme écrasée et l'avoir laissée lever pendant 15 minutes environ.

2. Étendez ensuite les formes de pâte sur le plan de travail, de façon à obtenir une forme allongée et fine avec un pli au milieu, dans le sens de la longueur. Saupoudrez de farine et refermez le pli de la pâte de façon à laisser un canal étroit au centre. Enroulez ensuite fermement la pâte sur elle-même.

3. Laissez reposer pendant 10 minutes puis écrasez et étirez les formes sur le plan de travail.

4. Coupez les miches avec un couteau et disposez-les sur un plateau pour qu'elles lèvent pendant au moins une heure. Mettez au four à 200 °C pendant 25 minutes environ.

La recette espagnole originale prévoit l'emploi de la levure naturelle (cf. page 13) pour donner plus de goût et de croquant.

Pain aux germes de blé

400 g de pâte de pain
(voir les points 1-5 du pain ordinaire, page 38)
100 g de blé germé

Préparation
30 minutes

Levage
60 minutes

Cuisson
2-3 heures

1. Préparez la pâte à pain ou achetez-la déjà prête.

2. Procurez-vous des germes de blé que vous intégrerez à la pâte, entiers ou mixés, en pétrissant avec soin. Façonnez la pâte en forme de miche.

3. Couvrez avec un tissu de laine et laissez reposer pendant 60 minutes.

4. Déposez la miche dans un moule à four doté d'une fermeture hermétique et laissez cuire 2-3 heures à 120-150 °C.

Suggestions : vous pouvez produire des germes de blé de façon domestique. Prenez des grains de blé et laissez-les tremper dans de l'eau 4-6 heures. Égouttez-les avec soin et gardez-les dans un pot en verre que vous placerez dans un endroit sombre et frais. Pendant 3-4 jours, une fois par jour, sortez-les du pot, rincez-les et remettez-les dans le pot sans les essuyer complètement. Vous obtiendrez ainsi des germes de blé très nourrissants.

PAIN AU LAIT

500 g de farine blanche
350 ml environ de lait tiède
15 g de levure de bière
1 œuf
50 g de sucre
50 g de beurre mou
1 cuillerée à café de graines d'anis ou de fenouil pour la décoration

Préparation
60 minutes environ

Levage
3-4 heures

Cuisson
60 minutes

1. Dans une terrine, délayez la levure avec un peu d'eau chaude, en ajoutant ensuite de la farine de façon à obtenir une pâte plutôt molle. Couvrez avec un torchon et laissez reposer pendant 2-3 heures, tant qu'elle n'aura pas doublé de volume.

2. Ensuite, disposez en fontaine le reste de la farine sur le plan de travail et ajoutez le sucre, le beurre et la pâte levée.

3. Mouillez petit à petit avec le lait tiède et continuez à pétrir pendant 20 minutes environ jusqu'à l'obtention d'une pâte molle et bien homogène.

4. Ramassez la pâte, couvrez-la avec un tissu en laine et laissez-la reposer pendant 60 minutes environ dans un endroit tiède.

5. Quand la pâte aura doublé de volume, dégonflez-la avec les mains et pétrissez-la encore pendant quelques minutes : formez ensuite une miche que vous façonnerez à votre goût, ou des petits pains de 70 g chacun.

6. Posez le pain sur une plaque légèrement huilée, saupoudrée de farine ou recouverte d'une feuille de papier sulfurisé. Laissez la pâte reprendre le levage et mettez-la au four à 180 °C pendant 60 minutes. N'oubliez pas d'inciser la surface du pain et de la décorer avec des grains d'anis, de fenouil ou autres, après l'avoir enduit d'œuf avec un pinceau.

Variantes : en utilisant les mêmes ingrédients de cette recette, vous pouvez confectionner des **mini-pains**, qui permettent de faire de très bons **sandwichs**. Vous façonnez des petits cylindres, étroits et longs, qui pourront ensuite être entortillés ou noués à votre goût. Vous pourrez obtenir de petites tresses, des noix, des étoiles, en somme des petits pains que vous pourrez décorer comme vous le désirez avec des graines de sésame, de fenouil, de pavot ou bien avec des grains de sucre.

Si vous ajoutez un zeste de citron et 100 g de raisins secs préalablement trempés dans de l'eau tiède, vous obtenez du **pain aux raisins**.

Pain azyme

300 g de farine blanche 45
150 g de farine complète
300 ml environ d'eau
de l'huile d'olive

Préparation
35-40 minutes

Levage
60 minutes environ

Cuisson
20 minutes environ

1. Tamisez les farines et mélangez-les sur le plan de travail. Disposez-les en fontaine et ajoutez l'eau tiède.

2. Pétrissez la pâte pendant 15-20 minutes et laissez-la reposer couverte pendant 60 minutes environ.

3. À la fin de la préparation, donnez à la pâte une forme plutôt ronde et commencez à l'abaisser à l'aide du rouleau jusqu'à obtenir une feuille d'un demi-centimètre d'épaisseur. Disposez la pâte sur une plaque huilée ou couverte d'une feuille de papier sulfurisé et, à l'aide d'un pinceau, enduisez-la d'un peu d'huile d'olive.

4. Faites cuire pendant 20 minutes environ à 250 °C. Afin d'obtenir une cuisson uniforme des deux côtés, vous pouvez retourner le pain après 10 minutes..

Variante : si vous voulez réaliser du **pain azyme à l'orge**, vous devez utiliser : 1 cuillerée à café de graines de sésame ; 4-5 cuillerées à soupe d'huile d'olive vierge extra ; 250 ml d'eau ; 330 g de farine blanche ; 150 g de farine d'orge toastée ; du sel en quantité suffisante. Il faut effectuer les opérations décrites dans la recette sauf la phase de levage. Enfournez à 200 °C jusqu'à ce que le pain soit cuit.

Pain de campagne

600 g de farine tamisée de type 45 ou 55
10-15 g de sel de cuisine
25 g de levure
325-350 ml environ d'eau tiède

Préparation
60 minutes environ

Levage
1 nuit + 60 minutes
+ 15-20 minutes

Cuisson
40 minutes

1. Prenez un récipient avec des bords élevés, versez-y de l'eau et faites dissoudre la moitié de la levure précédemment émiettée ; ajoutez environ 150 grammes de farine tamisée et pétrissez jusqu'à l'obtention d'une pâte molle plutôt dense et élastique. Couvrez le récipient avec un torchon, rangez-le dans un endroit tiède et laissez lever toute la nuit.

2. Le matin suivant procédez de cette façon : déposez en fontaine sur le plan de travail la farine restante, versez au milieu la pâte molle et refermez le cratère par de la farine prélevée sur les côtés de la fontaine.

3. Mettez le reste de l'eau dans une casserole et mettez-la sur le feu ; quand l'eau est tiède, prélevez-en avec une tasse et faites-y dissoudre le reste de la levure. Versez

ensuite le sel dans un récipient avec l'eau tiède et faites-le fondre complètement.

4. À partir de ce moment, il est important d'agir rapidement, afin d'éviter que la température de la pâte ne baisse trop (27 °C est la température idéale).
Approchez la casserole de la fontaine de farine et versez l'eau, peu à peu mais assez rapidement ; faites la même chose avec l'eau de la tasse.
La quantité d'eau absorbée par la farine varie selon les cas, donc c'est à vous de juger de la quantité d'eau nécessaire.

5. Pétrissez le tout jusqu'à obtenir une pâte arrondie, élastique et souple ; avant de passer à cette opération, ayez le réflexe de saupoudrer le plan de travail avec un peu de farine car la pâte sera humide et difficile à manipuler. Si une partie de la pâte a tendance à gonfler, cela veut dire que la levure n'a pas été bien mélangée : dans ce cas, coupez la pâte en plusieurs parties et mélangez de nouveau soigneusement. Si nécessaire, répétez l'opération tant que la pâte n'est pas parfaitement homogène.

6. Pétrissez pendant 20 minutes ; quand vous verrez apparaître des petits gonflements à la surface de la pâte, couvrez-la avec un torchon ou un tissu en laine et laissez-la reposer pendant 60 minutes.

7. Quand la pâte a doublé de volume, reprenez le pétrissage pendant encore quelques minutes (10 minutes environ) et donnez à la pâte une forme plutôt allongée. Partagez-la en pains de 70-80 g environ.
Disposez les petits pains sur une plaque huilée pour éviter qu'ils restent collés.
Laissez-les encore reposer pendant 15-20 minutes puis posez-les sur un plat légèrement huilé, incisez leur surface avant de les passer au four à 200 °C pendant 40 minutes.

Variantes : en ajoutant une petite quantité d'huile (environ 20 ml pour 1/2 kg de farine), on obtient un pain particulièrement moelleux.

Si l'on ajoute au contraire un œuf et que l'on remplace l'eau par le lait, on obtient un pain riche, nourrissant et savoureux.

PAIN ORDINAIRE OU PAIN AU FROMENT

500 g de farine blanche 45
15 g de levure de bière
1 cuillerée à café de sel
250-300 ml d'eau tiède

Préparation
45 minutes environ

Levage
1 nuit
+ 60 minutes environ
+ 20 minutes

Cuisson
50-60 minutes
pour la miche
30 minutes
pour les petits pains

1. Dans une terrine, préparez une pâte molle en laissant dissoudre la levure émiettée dans de l'eau tiède et en ajoutant 100 g de farine.
Couvrez avec un torchon et laissez lever pendant une nuit dans un endroit tiède.

2. Disposez en fontaine la farine restante, le sel et la pâte levée. Ajoutez la quantité suffisante d'eau.

3. Pétrissez un bon moment ; quand sur la surface vont apparaître les premières bulles, ramassez la pâte et formez une boule.

4. Couvrez la pâte et laissez-la reposer pendant 60 minutes environ.

5. Après ce laps de temps, la pâte aura doublé de volume : dégonflez-la avec les doigts et pétrissez encore quelques minutes.

6. Prélevez de la pâte des parts de 70 g environ et façonnez-les selon votre goût. Si vous le préférez, vous pouvez former une miche unique de forme allongée ou ronde.

7. Disposez la pâte sur une plaque couverte de papier sulfurisé ou d'une feuille d'aluminium enduite d'huile. Laissez lever la pâte encore 20 minutes environ avant de la mettre dans un four chauffé à 200 °C (environ 50-60 minutes pour la miche et 30 minutes pour les petits pains).

Variantes : en remplaçant la farine blanche par de la farine au gluten, on obtiendra du pain adapté aux personnes souffrant de diabète et à celles qui ne peuvent pas digérer les amidons.
Attention : l'allergie au gluten est très répandue.

En utilisant de la farine de blé entier à la place de la farine blanche, on obtient du **pain au blé**. Avant d'utiliser le blé, il convient toutefois de démarrer le processus de germination (voir recette « Pain aux germes de blé », page 34). Le froment doit ensuite être égoutté et moulu finement.

Si on ajoute 20-30 ml d'huile pour 500 g de farine, on obtient du **pain à l'huile**.

PRÉPARATION DU PAIN ORDINAIRE

1. Prenez une quantité suffisante de levure de bière

2. Emiettez la levure et ajoutez de l'eau tiède

3. Ajoutez de la farine « de force »

4. Faites un bon amalgame

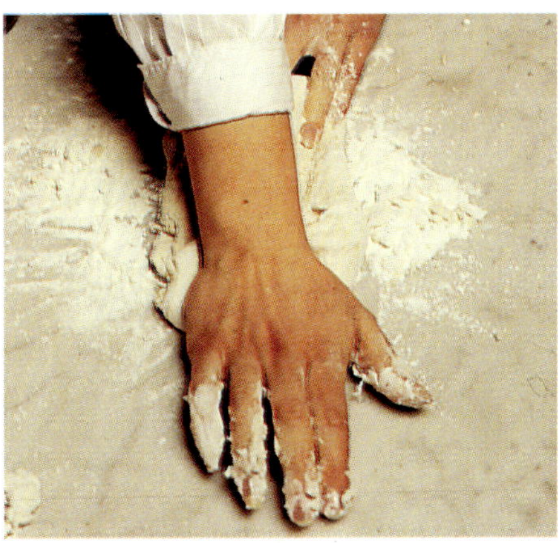

5. Installez-vous sur le plan de travail

6. Travaillez bien le mélange jusqu'à ce que vous obteniez une pâte homogène

7. Placez la pâte dans une terrine

8. Recouvrez et laissez lever. Une fois le temps de levage passé, découvrez la pâte...

9. ... préparez les ingrédients sur le plan de travail et disposez la farine en fontaine

10. Ajoutez la pâte de « report »...

11. ... au centre de la fontaine

12. Faites dissoudre le sel fin dans l'eau tiède

13. Mouillez rapidement la farine...

14. ... et rappelez-vous qu'une pâte réalisée avec un bon apport d'eau...

15. ... et à la bonne température...

16. ... sera moelleuse...

17. ... et élastique...

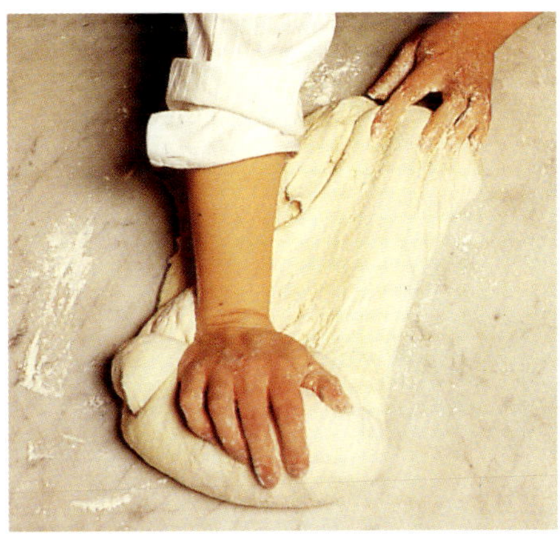

18. ... facile à travailler

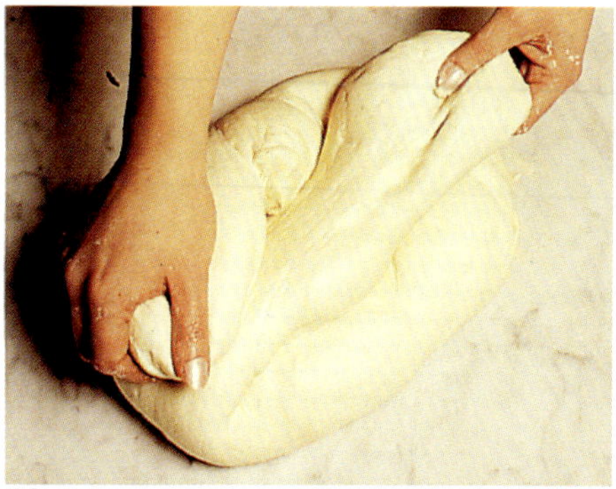

19. Vous devez pétrir avec énergie et replier plusieurs fois la pâte sur elle-même

20. Pour rendre la pâte encore plus molle, vous pouvez ajouter de l'huile au début du pétrissage ou quand la pâte est déjà formée : cette simple précaution vous permettra...

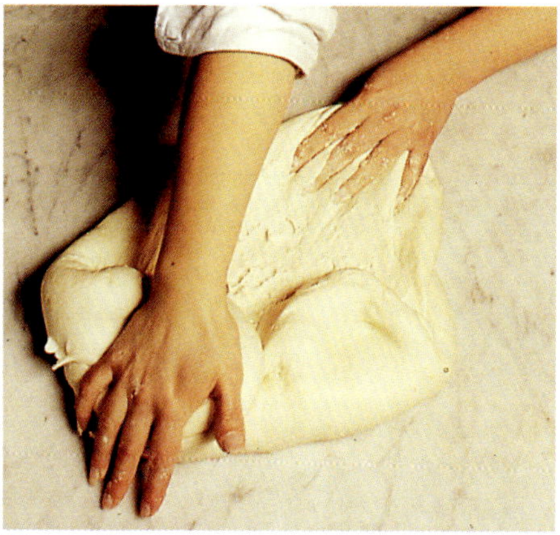

21. ... d'obtenir un pain particulièrement savoureux, moelleux et nourrissant

22. Quand la pâte est bien travaillée, les bulles dues à la fermentation apparaissent

23. Rassemblez la pâte, recouvrez-la...

24. ... et laissez-la lever dans un endroit tiède

25. Après une heure environ, elle aura doublé de volume ; découvrez-la...

26. ... dégonflez-la...

27. ... et travaillez-la avec les mains pendant quelques minutes

28. Allongez sa forme

29. En « tordant » la pâte, divisez-la...

30. ... en parts plus ou moins égales

31. Travaillez chaque morceau...

32. ... et façonnez le pain selon la forme que vous voulez

33-34. Voilà par exemple comment former les petits pains

35. Posez chaque petit pain sur le plan de travail, en les enfarinant bien pour que la pâte ne colle pas

36. Recouvrez les petits pains avec un torchon...

37. ... et laissez-les lever dans un endroit tiède

38-39-40. Une fois qu'ils ont levé, placez-les sur un plat légèrement huilé et effectuez une entaille sur leur surface

Voilà comment peut se présenter un petit pain terminé : avec une surface « naturelle » ou bien saupoudrée de farine

Pain d'avoine

250 g de farine de froment 45
250 g de flocons d'avoine
250 ml environ d'eau tiède
50 g de lait
50 g de beurre fondu
50 g de miel
25 g de levure de bière
15 g de sel

Préparation
60 minutes

Levage
30 + 20 + 60 minutes

Cuisson
70 minutes
pour la miche
30 minutes
pour les petits pains

1. Dissolvez la levure dans une petite quantité d'eau tiède et ajoutez une poignée de farine. Mélangez rapidement cette pâte et laissez-la reposer pendant 30 minutes environ.

2. Préparez sur le plan de travail le reste de la farine en fontaine et ajoutez-y les flocons d'avoine, le lait, le beurre fondu, le miel, le sel et la pâte préparée. Pétrissez le tout très soigneusement. N'oubliez pas d'utiliser les liquides à une température de 35 °C environ : si la température de la pâte reste élevée, la levure peut mieux accomplir sa fonction.

3. Quand la pâte est homogène, couvrez-la et laissez-la reposer pendant 20 minutes, voire davantage.

4. Ensuite, reprenez le pétrissage et donnez au pain la forme désirée. disposez ce pâton sur une plaque, couvrez avec un tissu en laine et laissez lever pendant 60 minutes environ. Si vous voulez du pain de mie d'avoine, mettez la pâte dans un moule à cake et laissez-la reposer.

5. Cuisez la miche pendant 60-70 minutes et les petits pains pendant 30 minutes à une température de 220 °C.

Pain au sarrasin

350 g de farine de sarrasin
150 g de farine de froment
15 g de levure de bière
un peu d'eau tiède
1 jaune d'œuf

Préparation
40 minutes environ

Levage
2-3 heures
+ 60 minutes environ
+ 15-20 minutes environ

Cuisson
60 minutes environ

1. Dissolvez la levure dans de l'eau tiède et ajoutez un peu de farine de froment pour former une pâte mollette. Couvrez avec un torchon et laissez reposer pendant 2-3 heures.

2. Quand la pâte mollette aura doublé de volume, mettez-la sur le plan de travail et ajoutez-la au reste des farines.

3. Pétrissez la pâte jusqu'à l'obtention d'une pâte élastique et souple. Vous pouvez vérifier le degré de souplesse exact en appuyant avec un doigt. Quand vous enlevez le doigt, la pâte doit retrouver sa forme initiale.

4. Ramassez la pâte en boule et laissez-la reposer dans un endroit fermé, jusqu'à ce qu'elle double de volume (60 minutes environ).

5. Dégonflez la pâte et pétrissez-la, ensuite façonnez une miche et déposez-la sur une plaque légèrement huilée.

6. Attendez que le pain reprenne le levage (15-20 minutes environ), et mettez-le dans le four à 200 °C pendant 60 minutes environ. À mi-cuisson, passez sur la surface du pain avec un pinceau le jaune d'œuf battu dans un peu d'eau.

Pain de maïs

350 g de farine de froment 45
150 g de farine de maïs finement moulue
300 ml environ d'eau tiède (35 °C)
20 g de levure de bière
1 cuillerée à café de sel

Préparation
40 minutes environ

Levage
3 heures + 60 minutes
+ 20 minutes

Cuisson
60 minutes environ

1. Faites dissoudre la levure dans un peu d'eau, en ajoutant un peu de farine de froment : laissez reposer pendant 3 heures.

2. Mélangez et préparez en fontaine le reste de la farine de froment et la farine de maïs en y ajoutant le sel et la pâte mollette déjà prête.

3. Pétrissez et couvrez la pâte avec un tissu chaud.

4. Attendez que la pâte double de volume (60 minutes) et recommencez à pétrir.

5. Façonnez une ou deux miches et laissez lever pendant 20 minutes.

6. Faites une incision sur la surface et laissez cuire pendant 60 minutes environ dans le four à 200-220 °C.

Pain de millet

250 g de farine de millet
150 g de farine de froment
50 g de farine de maïs
100 g de miel
25 g de levure de bière
2 œufs
1 verre de lait tiède
1 cuillerée à café de sel
de la vanille

Préparation
60 minutes environ

Levage
1 nuit
+ 60 minutes
+ 30 minutes

Cuisson
30 minutes

1. La veille, mélangez dans une terrine la moitié environ de la levure dans un peu de lait tiède (30 °C environ), en ajoutant un peu de farine de froment prélevée de la dose. Travaillez pendant 5 minutes environ la pâte qui doit être assez molle.
Couvrez avec un torchon et laissez lever la pâte dans un endroit tiède toute la nuit.

2. Le matin suivant, disposez le reste de la farine en fontaine sur le plan de travail, celle de froment, celle de maïs et celle de millet. Ajoutez le miel, les œufs, le sel et la pâte levée.
Faites dissoudre à part la levure restante, dans un peu d'eau tiède ou du lait tiède. Distribuez-la uniformément sur le reste des ingrédients. •

3. Pétrissez de façon énergique et, si cela devait s'avérer nécessaire, ajoutez encore de petites doses d'eau ou de lait tiède afin d'obtenir une pâte souple et élastique.

4. Ramassez la pâte et couvrez-la avec un tissu de laine. Laissez-la reposer pendant 60 minutes environ, jusqu'à ce qu'elle double de volume.

5. Ensuite, pétrissez pendant quelques minutes la pâte et façonnez des pâtons ronds de 70 g environ.
Déposez les pâtons sur une plaque huilée, couvrez-les avec un torchon et laissez-les reprendre le levage (30 minutes environ). Avant de mettre au four, écrasez légèrement les pâtons et incisez la surface à l'aide d'un couteau. Badigeonnez de lait tiède aromatisé à la vanille la surface extérieure.

6. Laissez cuire pendant 30 minutes à 200 °C.

Du pain et des épis de blé peuvent remplacer une composition florale
(photo Espace Pain Information/INBP)

Les entailles sur la croûte rappellent le motif de l'épi : la fabrication du pain peut devenir un véritable art (photo Espace Pain Information/INBP)

PAIN DE RIZ

250 g de farine de riz
80 g de fécule de pomme de terre
350 ml d'eau
10 g de sucre
10 ml d'huile d'olive (ou de beurre mou)
10 g de sel
25 g de levure de bière

Préparation
15-20 minutes

Levage
2 heures + 20 minutes

Cuisson
30 minutes

1. Faites dissoudre la levure en poudre dans une petite quantité d'eau tiède et laissez-la agir jusqu'à ce que les petites bulles caractéristiques apparaissent (2 heures).

2. Sur le plan de travail, disposez la farine et la fécule en fontaine en y ajoutant l'huile, le sucre et le sel (ces deux derniers ingrédients devront être préalablement dissous dans de l'eau).

3. Ajoutez l'eau restante et obtenez une pâte en pétrissant délicatement. Ajoutez ensuite la levure dissoute et continuez à pétrir jusqu'à l'obtention d'une pâte lisse et homogène.

4. Laissez reposer la pâte couverte pendant 20 minutes environ.

5. Façonnez une miche et disposez-la sur une plaque légèrement huilée.

6. Cuisez pendant 30 minutes à 180 °C en contrôlant souvent la cuisson.

Cette recette est particulièrement indiquée aux personnes souffrant de maladies cœliaques.

PAIN DE SEIGLE

200 g de farine de froment 45 de très bonne qualité
300 g de farine de seigle
5 g de farine de malt
10 g de sel
300 ml d'eau à 35 °C environ
25 g de levure de bière

Préparation
20 minutes environ

Levage
4 heures
+ 8-12 heures
+ 10-15 minutes environ

Cuisson
60 minutes
environ pour la miche
30 minutes
pour les petits pains

1. Faites dissoudre la moitié de la dose de la levure dans une petite quantité d'eau tiède, ajoutez environ 50 g de farine de froment et formez une pâte molle plutôt souple que vous laisserez reposer dans un endroit tiède pendant 4 heures environ.

2. Sur le plan de travail, préparez une fontaine avec la farine de malt, la farine de seigle et le reste de farine de froment. Ajoutez la pâte molle levée, le sel et la levure restante dissoute à part dans un peu d'eau tiède.

3. Procédez au pétrissage en ajoutant peu à peu de l'eau, jusqu'à l'obtention d'une pâte souple et de consistance légère.

4. Formez une miche ronde et laissez-la reposer dans un endroit tiède, couverte d'un torchon, pendant 8-12 heures.

5. Ensuite reprenez la pâte et façonnez-la, comme vous le préférez, en petits pains de 70 g environ ou en miche. Disposez le pain sur une plaque enduite d'huile, faites une incision sur la surface et attendez 10-15 minutes pour que la pâte reprenne le levage ; ensuite, enfournez à 200 °C pendant 60 minutes environ pour la miche et 30 minutes pour les petits pains ; à mi-cuisson, sortez rapidement le pain du four, retournez-le et terminez sa cuisson en le recouvrant d'une feuille d'aluminium.

Variante : si vous désirez enrichir cette recette, vous pouvez ajouter du cumin au moment du pétrissage (point 2).

Pain de semoule

450 g de farine de blé dur (semoule ou finot)
250 ml d'eau tiède (25 °C environ)
20 g de levure
1 cuillerée à café de sel

Préparation
40 minutes

Levage
1 nuit
+ 60 minutes
+ 30-40 minutes

Cuisson
45 minutes environ

1. Dans un récipient à bords hauts, préparez une pâte mollette en utilisant 100 g de farine, 100 ml d'eau tiède et la moitié de la levure. Laissez lever pendant une nuit dans un endroit couvert.

2. Le matin suivant, disposez le reste de la farine sur le plan de travail et ajoutez le sel et l'eau restante où vous aurez dissous le reste de la levure.

3. Procédez au pétrissage en ajoutant la pâte de la veille.

4. Ramassez la pâte ainsi obtenue en forme de boule et laissez-la reposer pendant 30-40 minutes couverte d'un tissu en laine.

5. Pétrissez à nouveau la pâte et formez trois miches de 200-250 g chacune. Couvrez les miches et laissez-les lever pendant 60 minutes.

6. Mettez dans le four à 200 °C pendant 45 minutes environ. Si vous désirez obtenir une cuisson uniforme, il convient de retourner les pains après 30 minutes environ.

Pain de soja

350 g de farine de froment 45
150 g de farine de soja
300-350 g d'eau tiède
15 g de levure de bière
2-3 cuillerées à soupe d'huile d'olive vierge extra
1 cuillerée à café de sel

Préparation
60 minutes environ

Levage
2 heures + 60 minutes

Cuisson
50-60 minutes

1. Mélangez une petite quantité de farine de froment, la levure de bière et un peu d'eau. Faites un bon amalgame et laissez reposer pendant environ 2 heures.

2. Ensuite, mélangez sur le plan de travail le reste de la farine de froment et celle de soja en y ajoutant la pâte levée, le sel, l'huile et le reste de l'eau.

3. Mélangez bien et pétrissez avec énergie afin que la pâte devienne souple et élastique. Pour vérifier le degré de pétrissage et de levage, coupez la pâte avec un couteau et contrôlez si elle a l'aspect poreux d'une éponge. Modelez ensuite la pâte comme vous le désirez.

4. Placez le pain sur une plaque huilée et attendez qu'il lève (60 minutes environ) en veillant à le couvrir avec un tissu en laine et à maintenir la température de la pièce élevée.

5. Incisez la surface de la miche avant de la passer au four.

6. Enfournez à 200-220 °C pendant 50-60 minutes environ.

Pain de Galice

350 g de farine blanche
150 g de farine complète
350 ml d'eau
15 g de sel
10-15 g de levure de bière
1 cuillerée à café de sucre

Préparation
30 minutes

Levage
60 minutes
+ 20 minutes
+ 20 minutes

Cuisson
50-60 minutes

1. Dans une terrine, préparez une pâte assez molle avec tous les ingrédients, toujours après avoir dissous la levure dans l'eau tiède.

2. Laissez reposer la pâte et couvrez-la jusqu'à ce qu'elle double de volume (au moins 60 minutes).

3. Enroulez la pâte sur elle-même et arrondissez-la en forme de miche ; saupoudrez-la de farine et entourez-la d'un linge pour poursuivre son levage.

4. Quand le produit aura bien levé, prenez avec les doigts une partie de la pâte du dessus et aplatissez-la vers le bas avec énergie, en la tordant et en formant au centre une autre petite miche à l'intérieur de la précédente.

5. Faites cuire au four à 180 °C pendant 50-60 minutes environ.

Il s'agit d'une recette espagnole qui est en général réalisée avec de la levure naturelle (cf. page 13) afin de donner plus de saveur et de croquant au pain.

PAIN DE MIE

550 g de farine blanche 45
280 ml d'eau tiède
15 g environ de levure de bière
75 g de beurre
1 cuillerée à café de sel
1 cuillerée à café de sucre
40 g de crème liquide

Préparation
30 minutes environ

Levage
12 heures
+ 45 minutes environ
+ 20 minutes

Cuisson
60 minutes

1. Préparez le pâte levée la veille en faisant dissoudre la levure dans de l'eau tiède et en ajoutant environ 100 g de farine.

2. Le lendemain matin, mélangez soigneusement tous les ingrédients et ajoutez la pâte levée.

3. Quand la pâte est formée, couvrez et laissez lever pendant 30-60 minutes.

4. Une fois qu'elle a doublé de volume, travaillez-la sans trop la comprimer et séparez-la en deux ou trois formes, selon la capacité de vos « plats à pain de mie ».

5. Mettez chaque forme dans un plat huilé de façon que la pâte occupe les 2/3 de chaque récipient.

6. Couvrez et laissez lever jusqu'à ce que les pâtes aient atteint les bords des plats (20 minutes environ). Vous pourrez alors les mettre au four à 220 °C pendant une heure environ. Une fois que la cuisson est terminée, vous pouvez extraire les pains des plats pour accélérer leur refroidissement.

Variante : pour obtenir un très bon **pain pour hamburger**, il faut préparer la pâte levée avec de la farine blanche, du lait et de la levure. Ajoutez 400 g de farine blanche, 60 ml de lait, 60 g de beurre, 2 jaunes d'œufs, 30 g de sucre, 30 ml d'huile d'olive vierge extra, 10 g de sel et de l'eau en quantité suffisante pour obtenir une pâte très molle. Laissez lever et badigeonnez avec un œuf ; laissez cuire pendant 20 minutes à 200 °C.

Des miches et des pains de forme arrondie : vous pouvez modeler votre pâte comme vous l'entendez, en donnant libre cours à votre imagination (photo Espace Pain Information/INBP)

Pain complet

500 g de farine complète
300 g d'eau tiède
20 g environ de levure
10 g de sel

Préparation
45 minutes environ

Levage
1 nuit + 60 minutes
+ 20 minutes

Cuisson
30 minutes
pour les petits pains
50 minutes
pour la miche

1. Faites dissoudre 10 g de levure dans un peu d'eau tiède en y ajoutant une quantité de farine suffisante pour obtenir une pâte assez molle. Couvrez-la et laissez lever pendant une nuit.

2. Disposez sur le plan de travail le reste de la farine, la pâte déjà préparée et le sel. Mouillez le tout avec de l'eau où vous aurez dissous le reste de la levure.

3. Procédez au pétrissage ; vérifiez que la pâte ait la bonne consistance et élasticité, mais surtout veillez à ce qu'elle ne perde pas de chaleur, donc pétrissez la pâte énergiquement jusqu'à ce que de petites bulles fassent surface : cela veut dire que le levage est en cours.

4. Façonnez une miche bien ronde, couvrez-la et laissez lever dans un endroit sec pendant 60 minutes environ.

5. Quand la pâte a doublé de volume, dégonflez-la avec les mains et reprenez le pétrissage pendant quelques minutes encore, jusqu'à ce qu'elle retrouve son élasticité. Ensuite partagez-la comme vous le désirez, de façon à obtenir des petits pains (avec ces doses on peut en obtenir environ 4) ou alors fabriquez une seule miche. Déposez le pain sur une plaque à four garnie d'une feuille d'aluminium saupoudrée de farine. Couvrez le pain et attendez qu'il reprenne le levage (20 minutes environ), ensuite marquez la surface d'une coupure longitudinale ou en croix.

6. Mettez au four à 180 °C pendant environ 30 minutes pour les petits pains et 50 minutes pour la miche.

Variante : si vous ne souhaitez pas utiliser uniquement de la farine complète, vous pouvez réduire la dose à 460 g de farine complète et compléter avec 120 g de farine blanche.
En ajoutant du son aux ingrédients, on obtient un pain plus riche en fibres : le **pain noir**.

PAIN FRANÇAIS

500 g de farine blanche 45

350-400 ml environ d'eau tiède

12 g de sel fondus en partie dans l'eau

20-25 g de levure délayée dans l'eau

Préparation
30 minutes environ

Levage
90-120 minutes environ

Cuisson
20-30 minutes

1. Dans un grand récipient, pétrissez soigneusement la farine, le sel et la levure dissoute. La température idéale de la pâte doit être de 24 °C environ.

2. Laissez reposer la pâte dans le récipient couvert pendant 90-120 minutes environ (selon la température ambiante).

3. Ensuite, assurez-vous que la pâte a bien monté. Placez-la sur le plan de travail et, à la main, séparez-la en portions de 200 g chacune.

4. Façonnez chaque partie en forme de bâtons et laissez les portions reposer sur une planche recouverte d'un tissu bien enfariné.

5. Couvrez avec soin pour éviter tout écart de température et laissez lever pendant 40 minutes environ dans un endroit bien chaud (25-28 °C).

6. Enlevez les pains du tissu, placez-les les uns au-dessus des autres sur des plats et étirez-les de 30 à 50 cm environ.

7. Mettez-les au four à 250 °C pendant 20 minutes.

Il suffit d'un épi pour décorer un pain à la forme simple et le présenter avec goût sur la table (photo Espace Pain Information/INBP)

Tresse

430 g de farine blanche
100 ml d'eau tiède
20 g de levure de bière
100 ml de lait
50-60 g de beurre mou
1 cuillerée à café de sucre
8 g de sel fin
1 œuf pour la pâte et un autre pour le badigeonnage
de la farine de seigle pour le saupoudrage

Préparation
30 minutes environ

Levage
12 heures
+ 30 minutes

Cuisson
30 minutes environ

1. Préparez la pâte levée la veille au soir en mélangeant 100 g de farine, 100 ml d'eau et une demi-dose de levure. Couvrez-la et laissez-la reposer dans un endroit tiède.

2. Le lendemain matin, mélangez soigneusement tous les ingrédients avec la pâte levée. Quand la pâte est devenue molle et élastique, formez des baguettes (de 2 à 8) et croisez-les. Utilisez la farine de seigle pour les saupoudrer.

3. Vous obtiendrez des pains d'une forme conique assez allongée. Badigeonnez-les sans tarder avec l'œuf battu.

4. Laissez-les lever à l'abri et à la chaleur pendant 30 minutes environ. À mi-levage, badigeonnez-les à nouveau avec l'œuf.

5. Mettez-les au four sur des plats beurrés à une température de 220 °C.

6. Sortez les pains du four une fois qu'ils ont une belle couleur doré foncé.

Variantes : pour obtenir la **tresse hébraïque**, procédez comme ci-dessus mais augmentez la dose de sucre jusqu'à 30 g et ajoutez un zeste de citron. À la fin, séparez la pâte pour former des baguettes ressemblant à de gros gressins. Enfarinez-les et croisez-les trois par trois.

Pour obtenir la **tresse de Mozart**, ajoutez à la pâte 25 g de sucre, 20 g d'oranges confites découpées en petits morceaux. Suivez les indications de la recette et utilisez des éclats d'amande pour la garniture.

PAINS AROMATISÉS

Petits paniers*

400 g de pâte à pain (voir les points 1 à 5 de la recette du pain ordinaire, page 38)
1/2 verre d'huile d'olive
4 œufs (ceux de pintade sont délicieux, mais on peut aussi utiliser ceux de poule)
un peu de farine pour le plan de travail
des vermicelles au chocolat pour la décoration
1 blanc d'œuf pour la décoration

Préparation
20 minutes

Levage
20 minutes

Cuisson
30 minutes environ

1. Saupoudrez le plan de travail afin que la pâte n'adhère pas.

2. Prenez la pâte à pain déjà levée, battez-la et formez un trou au milieu duquel vous verserez l'huile.

3. Pétrissez la pâte jusqu'à ce que l'huile soit bien incorporée.

4. Partagez la pâte en quatre parties égales dont vous ferez des boules de la taille d'un œuf qui formeront les bases des paniers. Écrasez chaque boulette avec les mains ou avec le rouleau et déposez au centre un œuf cru (en prenant soin de bien huiler les parties en contact avec l'œuf). Pétrissez chaque morceau de pâte restante après la formation de la boulette que vous façonnerez en forme de gressin très long (un gressin pour chacune des quatre parties initiales). Partagez chaque gressin en trois et roulez chacune des trois parties sur elle-même pour former une sorte de tresse. Placez une tresse autour de chaque œuf (huilé afin de faciliter la prise) ; les deux autres tresses en forme de X seront fixées de chaque côté de la pâte enroulée autour de l'œuf et constitueront les anses de chaque panier.

5. Déposez les petits paniers sur une plaque avec du papier sulfurisé et laissez reposer pendant 20 minutes environ.

6. Afin de donner une coloration plus agréable aux paniers, vous pouvez badigeonner leur surface de blanc d'œuf avant de les mettre dans un four chauffé à 200 °C pendant 30 minutes environ.
Avant de servir saupoudrez avec les vermicelles au chocolat.

* Autrefois, selon l'ancienne tradition paysanne, quand les œufs de Pâques n'existaient pas encore, on dégustait les petits paniers au cours du goûter traditionnel du lundi de Pâques.

PAIN AU ROMARIN*

400 g de pâte à pain déjà levée (voir la recette du pain ordinaire, page 38)

1 rameau de romarin

1 cuillerée à soupe de raisins secs gonflés dans de l'eau tiède

30-40 ml environ d'huile d'olive vierge extra

Préparation
30 minutes environ

Levage
60 minutes + 20 minutes

Cuisson
30-40 minutes environ

1. Prenez un rameau de romarin, lavez-le, essuyez-le et séparez les feuilles.

2. Mettez dans une casserole l'huile et le romarin et faites revenir à feu très doux pendant 10 minutes jusqu'à ce que l'huile s'imprègne bien de l'arôme ; ensuite filtrez-la avec une petite passoire.

3. Prenez la pâte à pain déjà levée, mettez-la sur le plan de travail saupoudré de farine et formez un trou au milieu duquel vous verserez l'huile aromatisée. Pétrissez la pâte jusqu'à absorption complète de l'huile.

4. Façonnez une miche ronde, faites une incision en croix sur la surface, recouvrez d'un torchon et laissez reposer pendant 60 minutes.

5. Ensuite, reprenez le pétrissage en ajoutant à la pâte le raisin sec soigneusement égoutté et essuyé (en laissant éventuellement de côté quelques grains pour la décoration) ; façonnez des petits pains décorés avec du raisin et/ou des feuilles de romarin (celles ayant servi pour aromatiser l'huile) ; écrasez-les légèrement et déposez-les sur une plaque huilée. Pratiquez sur chaque pain une incision centrale et quatre latérales, ensuite laissez-les lever pendant 20 minutes environ.

6. Mettez les petits pains dans le four déjà chauffé à 200 °C pendant 30-40 minutes environ.

Variante : il est possible de préparer ce pain sans ajouter de raisin sec, mais avec du romarin uniquement.

* Il s'agit d'une recette typiquement toscane.

PAIN AU CUMIN

500 g de farine blanche
250-300 ml d'eau
15 g de levure de bière
10 g de sel
1 blanc d'œuf
1 bonne cuillerée à soupe de graines de cumin
1 ou 2 cuillerées à soupe d'huile

Préparation
60 minutes environ

Levage
2-3 heures
+ 60 minutes
+ 20 minutes

Cuisson
60 minutes

1. Préparez une pâte souple en faisant dissoudre dans l'eau 100 g de farine et la levure émiettée ; couvrez et laissez lever pendant 2-3 heures.

2. Mettez le reste de la farine en fontaine sur le plan de travail, ajoutez le sel, la pâte précédemment préparée, la moitié des graines de cumin et mélangez le tout.

3. Pétrissez la pâte en prenant soin de la retourner souvent.

4. Ramassez la pâte en forme de boule, couvrez et laissez reposer pendant 60 minutes.

5. Mélangez le blanc de l'œuf, l'huile et les graines restantes. Modelez la pâte en forme de miche. Déposez la miche sur une plaque huilée ou couverte de papier sulfurisé et attendez que le levage recommence (20 minutes).

6. Enfournez à 200 °C pendant 60 minutes environ. À mi-cuisson, sortez le pain, passez sur le dessus, à l'aide d'un pinceau, l'émulsion précédemment préparée.

LE CUMIN

Plante herbacée d'origine asiatique, cette plante aromatique pousse spontanément dans la région méditerranéenne. Elle possède des vertus médicinales et ses fruits sont utilisés dans l'art culinaire comme condiment et pour la préparation d'une liqueur : le kümmel. Ses graines sont utilisées pour aromatiser les pains de grand et petit format ; dans ce cas, elles peuvent être moulues et mélangées à la pâte ou être parsemées sur le dessus. Ces graines servent également à la décoration du pain de seigle et du pain complet. Il s'agit d'une épice particulièrement appréciée dans les pays d'Europe centrale.

Pain au safran

500 g de farine blanche 45
150 g de sucre
100 g de beurre
50 g d'amandes douces épluchées et concassées
1 œuf entier
1 jaune d'œuf
1 cube de levure de bière (25 g)
1 sachet de safran
1 tasse de lait
un peu d'eau chaude
1 petit verre de liqueur
du sel en quantité suffisante

Préparation
45 minutes environ

Levage
2 heures environ
+ 60 minutes

Cuisson
30 minutes

1. Faites dissoudre la levure dans un peu d'eau chaude, ajoutez une poignée de farine et laissez reposer le temps de levage (environ 2 heures).

2. Préparez en fontaine le reste de la farine sur le plan de travail en y ajoutant la pâte levée, le jaune d'œuf et la dose de safran dissoute dans la liqueur.
Dans une terrine, mélangez bien le beurre fondu et 120 g de sucre, ajoutez une pincée de sel et 1/2 tasse de lait chaud.
Incorporez le tout à la farine et continuez à pétrir en ajoutant le reste du lait jusqu'à l'obtention d'une pâte bien souple.

3. Pétrissez bien et formez une miche que vous laisserez lever, couverte au chaud pendant 60 minutes environ.

4. Reprenez le pétrissage. Façonnez un rouleau de pâte bien allongé et partagez-le en trois parties. Faites une tresse avec les trois parties et déposez-la sur une plaque enduite de beurre.
Couvrez et laissez lever dans un endroit chaud.

5. Passez l'œuf battu sur la surface à l'aide d'un pinceau. Décorez avec le reste du sucre et les amandes concassées. Mettez dans le four préalablement chauffé à 180 °C pendant 30 minutes environ.

Pain au miel

500 g de farine blanche 45
250-300 ml de lait entier
25 g de levure de bière
3-4 cuillerées à soupe de miel
de l'huile d'olive en quantité suffisante
du sel en quantité suffisante
de l'eau en quantité suffisante

Préparation
60 minutes environ

Levage
une nuit + 60 minutes
+ 20 minutes

Cuisson
45 minutes environ

1. Le soir précédant le jour où vous désirez avoir le pain, mélangez 1/2 dose de levure, un peu de farine de la dose préconisée et de l'eau tiède en quantité suffisante pour bien mélanger ; couvrez et laissez lever pendant toute la nuit.

2. Le matin suivant, faites dissoudre la levure dans le lait tiède ; mettez le reste de la farine sur le plan de travail et ajoutez la pâte levée, le miel, l'huile et le sel, en mouillant avec le lait contenant la levure dissoute.

3. Mélangez bien les ingrédients et pétrissez pendant 20 minutes environ.

4. Ramassez la pâte et laissez-la couverte avec un tissu en laine pendant 60 minutes environ.

5. Mélangez brièvement la pâte et formez trois petits pains ; laissez-les lever, couverts, pendant 20 minutes environ.

6. Cuisez dans le four pendant 45 minutes environ à 200 °C.

Pain au sésame

250 g de farine 45 ou 55
2 cuillerées à soupe de graines de sésame toastées
10-15 g de levure naturelle
1/2 tasse d'eau tiède
1 cuillerée à café de miel
2 cuillerées à soupe d'huile
2 œufs entiers et 1 jaune
du sel en quantité suffisante

Préparation
30 minutes environ

Levage
2 heures + 60 minutes
+ 20 minutes

Cuisson
40 minutes environ

1. Faites dissoudre la levure et le miel dans une terrine avec de l'eau chaude, en ajoutant un peu de farine et laissez reposer la pâte obtenue pendant 2 heures environ.

2. Ajoutez à la pâte, les œufs entiers battus, l'huile, le sel et 150 g de farine. Mélangez pour former un bon amalgame. Sur le plan de travail, préparez le reste de la farine en fontaine et versez au milieu le mélange obtenu dans la terrine.

3. Pétrissez la pâte pendant 20 minutes environ, puis formez une miche arrondie, couvrez-la avec un torchon et laissez-la reposer pendant 60 minutes.

4. Recommencez à pétrir la pâte et séparez-la en trois parties. Façonnez trois pains en forme de bâtons que vous tresserez.

5. Battez vite le jaune d'œuf mélangé à une cuillerée à café d'eau. Placez le pain sur une plaque enduite de beurre et passez le jaune d'œuf à l'aide d'un pinceau sur le dessus, ensuite répartissez les graines de sésame. Couvrez la préparation avec une serviette et laissez reposer encore 20 minutes.

6. Placez dans un four chaud et cuisez pendant 40 minutes environ à 200 °C, jusqu'à ce que le pain soit bien doré.

Pain arabe

500 g de farine de froment 45

300 ml d'eau

10 g de levure de bière

1 bonne cuillerée à café de sel

1 bonne cuillerée à café de sucre (ou malt)

Préparation
15-20 minutes

Levage
60 minutes
+ 30 minutes

Cuisson
quelques minutes

1. Disposez tous les ingrédients sur le plan de travail. Vous pouvez utiliser du malt à la place du sucre.

2. Pétrissez la pâte pendant 10 minutes environ.

3. Couvrez et laissez reposer pendant 60 minutes environ.

4. Ensuite, partagez la pâte en trois parties ; abaissez chaque partie avec le rouleau, jusqu'à obtenir une pâte fine et ronde d'un diamètre de 30 cm. Couvrez chaque feuille et laissez reposer pendant 30 minutes avant de passer au four.

5. Mettez au four à 250 °C et contrôlez de près la cuisson qui ne durera que quelques minutes.

Variante : le pain arabe peut être également fabriqué avec une autre méthode qui consiste à laisser reposer la pâte bien pétrie pendant 20 minutes, à la partager en portions de 70-80 g et à la laisser reposer encore 20 minutes. Ensuite, on aplatit les pâtons jusqu'à quelques millimètres d'épaisseur et on les laisse encore reposer pendant 20 minutes.

Pain autrichien

250 g de farine de froment
250 g de farine de seigle
25 g de levure de bière
30 g de saindoux (ou margarine)
200 g de lait entier
150 ml environ d'eau tiède
1 cuillerée à café de sel

Préparation
60 minutes environ

Levage
2 heures
+ 60 minutes
+ 20 minutes

Cuisson
45-50 minutes

1. Dans une terrine, préparez une pâte en utilisant la levure, 100 g de farine de froment et 80 ml d'eau tiède à 35 °C. Si vous avez des doutes sur la consistance de la pâte, sachez qu'il est préférable qu'elle soit plutôt molle afin d'assurer un levage correct.
Recouvrez la terrine et laissez lever pendant 2 heures environ à une température tiède.

2. Préparez sur le plan de travail le reste de la farine de froment et celle de seigle, mélangez-les et disposez-les en fontaine. Ajoutez ensuite le sel, le saindoux, le lait et le reste de l'eau. Souvenez-vous que la quantité d'eau est donnée à titre indicatif et que c'est votre toucher et l'expérience qui détermineront la quantité exacte, dans ce cas.

3. Avant de passer au pétrissage des ingrédients, contrôlez la température ambiante qui doit être plutôt élevée : de 24 à 27 °C.
Commencez à pétrir les ingrédients, ajoutez ensuite la pâte levée et continuez encore à pétrir pendant 20 minutes environ.

4. Ramassez la pâte, couvrez-la avec un torchon et un tissu en laine et laissez-la lever pendant 60 minutes environ.

5. Reprenez la pâte et tapez légèrement dessus pour la dégonfler ; après 5-10 minutes, façonnez des petits pains. Disposez-les sur une plaque huilée ou bien couverte de papier sulfurisé et laissez reprendre le levage sous couvert (20 minutes).

6. Avant de mettre les petits pains dans le four, faites une ou plusieurs incisions sur la surface et laissez cuire pendant 45-50 minutes environ dans le four à 220 °C.

PAIN AUX NOIX

350 g de farine de froment
200 g de cerneaux de noix
150 g de miel
150 g de lait tiède
20-25 g de levure de bière
2 œufs entiers
1 cuillerée à café de sel

Préparation
60 minutes environ

Levage
2-3 heures
+ 60 minutes
+ 20 minutes environ

Cuisson
30-40 minutes

1. Faites dissoudre la levure dans un peu de lait tiède et ajoutez la farine en quantité suffisante pour former une pâte souple. Couvrez et laissez lever jusqu'à ce qu'elle double de volume (2-3 heures).

2. Mettez la farine restante en fontaine sur le plan de travail ainsi que le miel, les œufs et le sel, en y incorporant la pâte précédemment préparée.

3. Cassez les cerneaux de noix dans un mortier en marbre ou passez-les au mixeur et ajoutez-les à la pâte obtenue sur le plan de travail. Pétrissez longtemps la pâte en y ajoutant petit à petit le lait restant.

4. Laissez lever la pâte couverte avec un tissu en laine, pendant environ 60 minutes.

5. Ensuite, pétrissez à nouveau la pâte pendant quelques minutes pour qu'elle redevienne souple et élastique. Façonnez des petits pains, pas trop petits ; pratiquez une incision en surface et déposez-les sur une plaque huilée ; attendez qu'ils recommencent à lever (20 minutes environ).

6. Cuisez à 200 °C pendant 30-40 minutes environ.

PAIN AUX OLIVES

500 g de pâte à pain (voir les points 1 à 5 de la préparation du pain ordinaire, page 38)
200 g d'olives noires
1 cuillerée à soupe de câpres

Préparation
30 minutes environ

Levage
20 minutes environ

Cuisson
30-40 minutes

1. Dénoyautez les olives et coupez-les.

2. Pétrissez rapidement la pâte à pain et étirez-la avec un rouleau. Formez une feuille épaisse d'un centimètre environ, plutôt ovale. Couvrez-la avec les olives et les câpres finement coupées.

3. Enroulez la pâte sur elle-même et déposez-la sur une plaque huilée. Laissez-la reposer pendant 20 minutes environ.

4. Passez-la au four qui doit être chauffé à 180-200 °C pendant 30-40 minutes environ.

Pain aux épices

500 g de farine de seigle
une poignée de farine blanche
300 ml d'eau tiède
20 g de levure de bière
1 cuillerée à café de sel
1 cuillerée à café de graines de cumin
1 cuillerée à café de graines de fenouil
1 cuillerée à café de coriandre

Préparation
60 minutes environ

Levage
1 nuit + 60 minutes

Cuisson
90 minutes environ

1. La veille au soir, délayez la moitié de la dose de levure avec un peu d'eau tiède et ajoutez une poignée de farine blanche. Mélangez la pâte qui doit rester assez molle, couvrez-la avec un torchon et laissez reposer pendant la nuit entière.

2. Le matin suivant, préparez sur le plan de travail la farine de seigle en fontaine, le reste de la levure, le sel, les graines de cumin, de coriandre et de fenouil avec la pâte levée ; mouillez le tout avec une bonne quantité d'eau tiède à 35 °C environ.

3. Pétrissez énergiquement pendant 20-30 minutes environ, ensuite couvrez la pâte avec un torchon et un tissu chaud, si possible en laine, en la laissant lever pendant 60 minutes dans un endroit tiède.

4. Ensuite, pétrissez encore la pâte afin de la rendre élastique et façonnez le pain comme vous le désirez. Avant de passer au four, pensez à faire sur la surface du pain une ou plusieurs incisions afin qu'il ne s'ouvre pas pendant la cuisson.

5. Faites-le cuire pendant 90 minutes à 200-220 °C, en contrôlant souvent la cuisson.

Variante : avec cette recette, on peut préparer un pain aromatisé aux graines de soja, de pavot et de lin (on peut utiliser des graines de plusieurs types ou bien en choisir une seule). Dans tous les cas, il faut 10 g de graines.

LA CORIANDRE

Plante herbacée originaire de la partie orientale de la Méditerranée, elle possède des qualités aromatiques et médicinales. Les petits fruits, qui souvent sont pris pour des graines, donnent une épice très appréciée dans la cuisine indienne. Cette plante s'utilise aussi en pâtisserie et dans la production de certaines liqueurs.

PAIN IRLANDAIS

250 g de farine blanche 45

250 de farine de maïs finement moulue

20 g de levure de bière

250-300 ml de lait

2 bonnes cuillerées à café de sel

Préparation
45 minutes environ

Levage
2 heures au moins
+ 60 minutes

Cuisson
40 minutes

1. Dans une terrine, mélangez 50 g de farine blanche et la levure de bière dissoute dans du lait tiède (30-35 °C). Après un bref pétrissage, façonnez un pâton plutôt souple que vous laisserez pendant quelques heures (pas moins de 2) dans un endroit bien chauffé afin qu'il double de volume et devienne très mou.

2. Disposez le reste de la farine blanche en fontaine sur le plan de travail, ainsi que la farine de maïs et le sel. Posez au milieu le pâton levé et attendez quelques instants, le temps de faire chauffer le reste du lait.

3. Pétrissez en ajoutant peu à peu le lait jusqu'à l'obtention d'une bonne consistance. La quantité de liquide varie selon les propriétés d'absorption des farines.

4. Après 15-20 minutes de pétrissage, la pâte présentera à la surface les « petites bulles » d'anhydride carbonique caractéristiques de la fermentation : la pâte est donc prête.

5. Façonnez une miche, couvrez-la avec un tissu en laine et laissez-la lever pendant 60 minutes.

6. Ensuite, reprenez le pétrissage et donnez à la pâte une forme ronde et légèrement écrasée. Déposez-la sur une plaque enduite de beurre et saupoudrée de farine.

7. Faites avec un couteau une croix sur la surface de la miche et mettez-la au four à 200 °C pendant environ 40 minutes.

PAIN « OLD AMERICA »

1 kg de farine blanche 45
40 g de levure de bière
1/2 litre environ de lait chaud
1 verre d'eau chaude
20 g de sucre
40 g de beurre fondu
10-15 g de sel

Préparation
60 minutes environ

Levage
2 heures environ
+ 1 nuit
+ 60 minutes
+ 5-10 minutes

Cuisson
40 minutes

1. Faites dissoudre la levure dans un peu d'eau et ajoutez un peu de farine de la dose ; mélangez et laissez reposer pendant 2 heures environ.

2. Prenez une terrine aux bords élevés et mélangez le reste de la farine, le sucre et le sel tamisés. Ajoutez la levure dissoute le plus uniformément possible.

3. Mélangez le tout et ajoutez petit à petit le beurre fondu et le lait chaud. Amalgamez bien les ingrédients pour obtenir une pâte uniforme et souple.

4. Couvrez la terrine avec une serviette et laissez reposer pendant la nuit dans un endroit chaud (éventuellement dans le four éteint ou dans une maie afin d'éviter les écarts de température). Le matin suivant, enlevez la pâte de la terrine et pétrissez longtemps ; ensuite, laissez encore reposer pendant 60 minutes environ.

5. Pétrissez la pâte levée et façonnez des pâtons ronds de petites dimensions.

6. Déposez-les sur une plaque à peine enduite de beurre et laissez reposer encore 5-10 minutes avant de les passer au four chaud à 180-190 °C pendant 40 minutes environ. Afin d'éviter que la surface du pain ne devienne trop foncée, couvrez-la avec du papier d'aluminium que vous enlèverez à mi-cuisson.

AUTRES RECETTES SUCRÉES ET SALÉES

Bruschetta*

4 tranches de pain (de préférence rassis)
2 gousses d'ail
de l'huile d'olive vierge extra en quantité suffisante
un peu de sel et de poivre

Préparation
5 minutes

Levage
Cette recette ne prévoit pas de levage

Cuisson
Cette recette ne prévoit pas de cuisson

1. Grillez le pain des deux côtés avec un grill ou directement sur une plaque chaude.

2. Frottez énergiquement l'ail sur les tranches croustillantes.

3. Assaisonnez chaque tranche avec de l'huile d'excellente qualité, du sel et du poivre fraîchement moulu. Servez chaud.

Variante : le **pain aux tomates** est une bruschetta typiquement espagnole qui se prépare en frottant les tranches de pain, grillées dans le four, à des tomates mûres, pour que celles-ci laissent leur pulpe sur le pain. On ajoute ensuite de l'huile et du sel.

* La bruschetta est une spécialité italienne qui se mange normalement en hors-d'œuvre.

Crackers faits maison

200 g de farine blanche
150 g de flocons d'avoine
150 g de flocons d'orge
30 g de levure de bière
4-5 cuillerées à soupe d'huile d'olive vierge extra
de l'eau tiède en quantité suffisante
du sel en quantité suffisante

Préparation
30 minutes

Levage
60 minutes environ

Cuisson
15-20 minutes

1. Faites dissoudre la levure dans un peu d'eau tiède. Disposez la farine en fontaine sur le plan de travail et ajoutez les flocons de céréales et la levure dissoute. Ajoutez assez d'eau pour former une pâte souple et élastique.

2. Pétrissez pendant 10 minutes environ et quand la pâte sera bien souple, formez une boule, couvrez-la avec un torchon et laissez reposer au chaud pendant 60 minutes environ. Quand la pâte aura doublé de volume, reprenez le pétrissage.

3. Dégonflez la pâte et remaniez-la pendant quelques minutes encore. Ensuite, étendez-la pour former une feuille de quelques millimètres. Disposez la feuille sur un moule huilé ou sur la plaque du four. Coupez-la avec un couteau humide ou avec une roulette, en lui donnant la forme que vous désirez. Faites des trous avec une fourchette.

4. Enfournez à 250 °C pendant environ 15-20 minutes. Quelques minutes avant de sortir les crackers, badigeonnez leur surface d'une couche d'huile et de sel.

Fougasse au fromage

300 g de farine de blé dur
150 ml d'eau
500 g de fromage crémeux
de l'huile en quantité suffisante
du sel en quantité suffisante

Préparation
60 minutes environ

Levage
60 minutes environ

Cuisson
20-30 minutes environ

1. Préparez la farine sur le plan de travail et ajoutez un peu d'eau et d'huile jusqu'à obtenir une pâte molle.

2. Pétrissez avec soin et quand la pâte se présente lisse et élastique, couvrez-la et laissez-la reposer pendant 60 minutes environ. Ensuite, partagez-la en deux et étendez les deux parties pour former deux feuilles fines.

3. Disposez la première feuille sur une plaque déjà huilée. Coupez le fromage et disposez-le de façon régulière ; couvrez ensuite avec la deuxième feuille. Unissez les bords à l'aide d'une molette ; pratiquez des petits trous sur la surface et versez de l'huile et du sel.

4. Enfournez à 190 °C pendant 30 minutes environ.

Fougasse à la sauge

500 g de farine
25 g de levure de bière
2-3 cuillerées à soupe de vin blanc
de l'eau en quantité suffisante
de la sauge séchée et émiettée
2-3 cuillerées à soupe d'huile
5 g environ de sel

Préparation
20 minutes environ

Levage
minimum 2 heures
+ 60 minutes

Cuisson
20-30 minutes

1. Mettez dans une terrine une petite quantité de farine prélevée dans la dose et ajoutez la levure dissoute dans un peu d'eau tiède. Pétrissez la pâte jusqu'à ce qu'elle devienne plutôt élastique, couvrez avec un torchon et laissez lever pendant 2 heures au minimum.

2. Disposez la farine restante en fontaine sur le plan de travail et ajoutez au centre la pâte levée, quelques cuillerées de vin blanc et d'huile, le sel et la sauge coupée. Veillez à garder un peu d'huile et de sel pour la phase finale.

3. Pétrissez en mouillant de temps en temps la farine avec de l'eau chaude de façon à obtenir une pâte souple et élastique. Continuez pendant 15-20 minutes, en réunissant bien les ingrédients.

4. Formez une miche ronde, couvrez-la et laissez-la reposer pendant 60 minutes environ.

5. Ensuite, vérifiez que la pâte ait doublé de volume et reprenez le pétrissage pendant quelques minutes encore. Étendez la pâte avec les mains ou en vous aidant du rouleau et déposez-la sur une plaque légèrement huilée. Passez sur la surface de l'huile et une pincée de sel.

6. Enfournez à 200 °C pendant 20-30 minutes environ.

PRÉPARATION DE LA FOUGASSE

1. Une fois que vous êtes parvenu au point numéro 3 de la recette p. 74, commencez à travailler la pâte qui doit être plus molle que celle du pain : il faut donc une dose plus importante d'eau et d'huile...

2. ... ce qui permet de travailler plus facilement la pâte

3. Après le temps de repos indiqué, disposez la pâte sur un plat légèrement huilé

4. Étalez la pâte. Une petite astuce : si vous voulez obtenir une fougasse encore plus moelleuse et plus épaisse, recouvrez-la maintenant et laissez-la bien lever

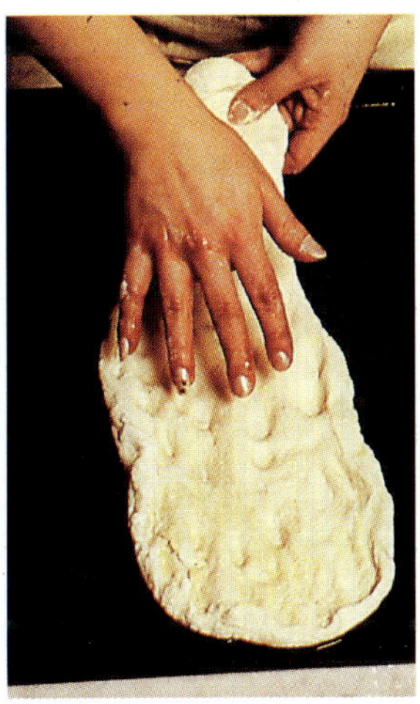

5. *Aplatissez la pâte avec la pointe des doigts et ...*

6. ... versez en surface les condiments avec l'huile et le sel, avant de la passer au four

Votre fougasse est terminée

Fougasse aux olives

500 g de farine blanche forte
250 ml environ d'eau tiède
25 g environ de levure de bière
25-30 g d'huile d'olive vierge extra
10 g de sel pour la pâte
10 g de sel (ou plus si vous voulez), de l'huile et des olives vertes dénoyautées (à volonté) pour assaisonner la fougasse

Préparation
20 minutes environ

Levage
60 minutes environ

Cuisson
20 minutes environ

1. Faites dissoudre la levure dans un peu d'eau tiède.

2. Ajoutez la farine, l'huile et l'eau dans laquelle vous aurez au préalable fait fondre le sel. Si le mélange est dur, augmentez la dose d'eau ; pour qu'elle soit réussie, la pâte de la fougasse doit être plus molle que celle du pain.

3. Mélangez tous les ingrédients jusqu'à ce que vous obteniez une pâte moelleuse et élastique ; rassemblez-la, couvrez-la et laissez-la reposer pendant 60 minutes environ dans un endroit tiède.

4. Quand la pâte a doublé de volume, déposez-la sur un plat huilé, étalez-la délicatement et huilez sa surface. Couvrez-la à nouveau et mettez le four à la température idéale.

5. Finissez d'assaisonner la fougasse en passant une couche d'huile et de sel sur la surface ; ajoutez des olives à volonté en les écrasant légèrement. Faites des trous sur la surface avec la pointe du doigt mais sans trouer la pâte.

6. Laissez cuire à four chaud (200-220 °C) pendant 20 minutes environ. Au cours de la dernière phase de cuisson, on peut passer en mode « grill » pour obtenir une surface plus dorée.

Les fougasses peuvent être farcies avec différents ingrédients : le « cuisinier » a donc la possibilité d'exprimer toute sa créativité

Variante : émincez un oignon et répartissez les fines tranches sur la pâte à la place des olives. Avec les doigts, formez des petites niches sur la surface de la fougasse ; arrosez-les abondamment avec une couche d'huile, d'eau et de sel. Vous obtenez ainsi la **fougasse aux oignons**.

Pudding au pain à la française

300 g de mie de pain blanc
1 l de lait bouilli
350 g de sucre
de la vanille
10 œufs

Préparation
60 minutes

Levage
Cette recette ne prévoit pas de levage

1. Faites tremper le pain dans le lait bouilli, vanillé et sucré. Passez ce mélange au tamis.

2. Ajoutez quatre œufs entiers et six jaunes d'œufs. Au dernier moment, incorporez quatre blancs fouettés en neige ferme.

3. Beurrez et saupoudrez de mie de pain finement émiettée un moule assez haut et y verser la préparation.

4. Faites cuire au four au bain-marie. Laissez reposer le pudding quelques instants avant de le démouler sur un plat rond.

5. Servez avec crème anglaise, sabayon ou sauce aux fruits à part ou versés sur le pudding.

Fougasse salée

500 g de pâte à pain déjà levée (voir les points 1 à 5 du pain ordinaire, page 38)
15 g de sel fin
50 ml d'huile
de l'eau tiède en quantité suffisante

Préparation
10 minutes

Levage
10-15 minutes

Cuisson
25 minutes environ

1. Faites dissoudre le sel dans très peu d'eau.

2. Étendez la pâte à pain sur une plaque huilée ou couverte de papier sulfurisé et laissez reposer pendant 10-15 minutes.

3. Écrasez la pâte avec la pointe des doigts et badigeonnez la surface avec le sel dissous et l'huile.

4. Passez dans un four chaud à 240 °C pendant 25 minutes environ.
Une fois cuite, sortez la fougasse et badigeonnez-la encore d'huile.

Gressins à l'huile

500 g de farine blanche

25 g (un cube) de levure de bière

100 ml d'huile d'olive

1 cuillerée à café de sel

1 cuillerée à café de sucre

de l'eau en quantité suffisante

Préparation
30 minutes environ

Levage
1 nuit
+ 60 minutes
+ 60 minutes

Cuisson
10 minutes

1. Émiettez la levure dans une terrine et ajoutez un peu d'eau tiède et 100 g de farine prélevée de la dose. Mélangez bien afin d'obtenir une pâte plutôt molle. Couvrez avec un torchon et laissez reposer une nuit.

2. Disposez sur le plan de travail le reste de la farine en fontaine et ajoutez la pâte levée, l'huile, le sel et le sucre qui doivent être préalablement dissous séparément dans l'eau.

3. Continuez à pétrir et ajoutez la quantité d'eau suffisante pour obtenir une pâte souple comme celle du pain. Pétrissez pendant 15-20 minutes.

4. Quand à la surface vont apparaître les petites bulles, ramassez la pâte, formez une boule et laissez reposer pendant 60 minutes environ dans un endroit tiède.

5. Quand la pâte aura doublé de volume, dégonflez-la avec les mains et pétrissez-la pendant quelques minutes. Quand elle sera de nouveau élastique séparez des petites quantités de la taille de votre poing, formez une petite miche et allongez-la afin d'obtenir la longueur désirée pour vos gressins.

6. Couvrez la plaque du four avec des feuilles d'aluminium saupoudrées de farine et placez-y les gressins. Couvrez avec un torchon et enfermez la plaque dans un sac en Nylon assez grand. Laissez lever de cette façon pendant 60 minutes environ ; il est important que pendant cette phase les gressins n'entrent pas en contact avec l'air. Enlevez le sac et mettez la plaque au four chaud à 220 °C pendant 10 minutes environ.

PRÉPARATION DES GRESSINS

1. Une fois parvenu au point 5 de la recette, prenez la pâte bien levée...

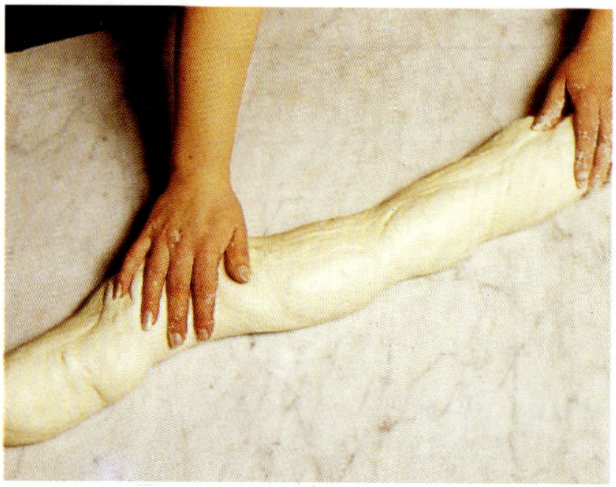

2. ... travaillez-la pendant quelques minutes et allongez sa forme

3. Divisez la pâte en petites portions de dimensions régulières

4. Prenez chaque morceau et...

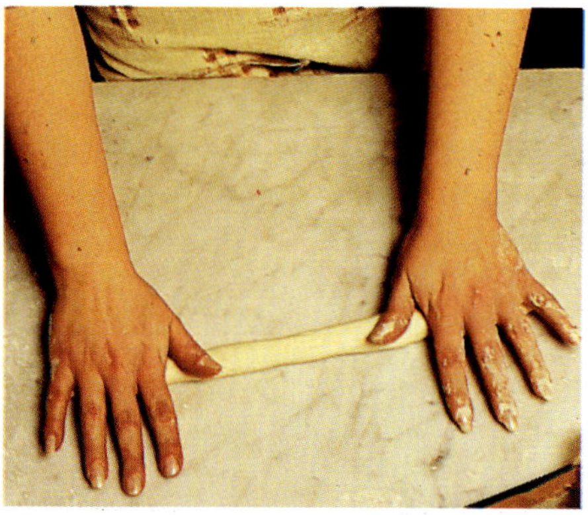

5. ... roulez-le...

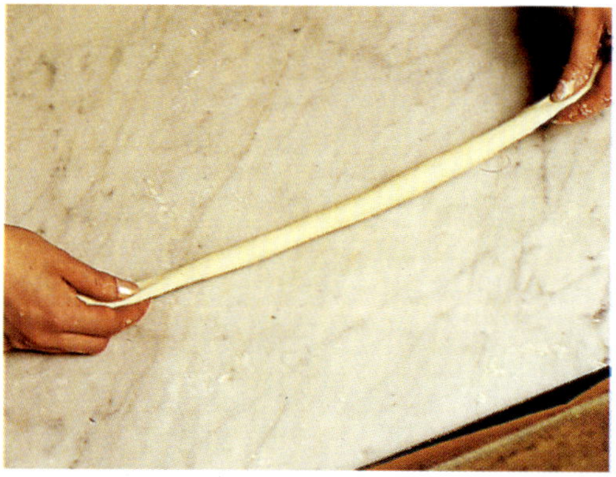

6. ... jusqu'à ce que vous obteniez la longueur désirée pour vos gressins. Leur épaisseur doit toutefois être équivalente à celle d'un doigt

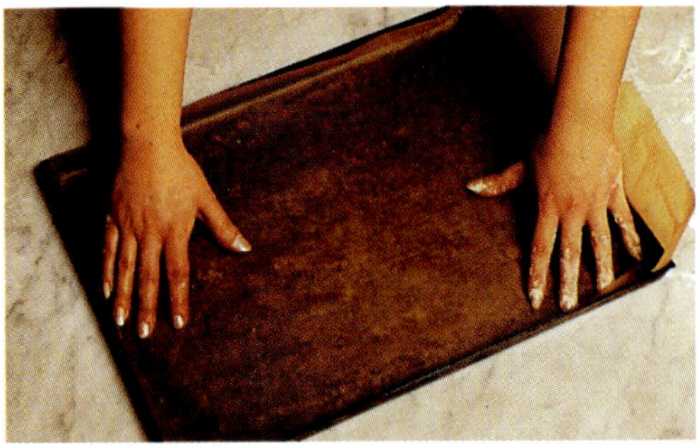

7. Huilez légèrement le plat ou bien mettez-les dans du papier sulfurisé ou une feuille d'aluminium

8. Étalez les gressins sur le plat, recouvrez-les soigneusement et laissez-les lever pendant environ 1 heure

Vos gressins sont terminés

Un beau panier de gressins, bien décoré, peut constituer un centre de table très décoratif

Kouglof
(Pain sucré d'origine alsacienne)

350 g de farine blanche
100 ml de lait tiède
25 g de levure de bière
80 g de beurre fondu
80 g de sucre
120 g de raisins secs gonflés dans de l'eau
50 g d'amandes douces émondées
3 œufs entiers battus
un zeste de citron
du sucre glace
une pincée de sel

Préparation
35 minutes

Levage
2 heures environ
+ 30 minutes

Cuisson
60 minutes

1. Dans une terrine, faites dissoudre la levure dans du lait tiède et amalgamez 60 g de farine environ. Mélangez rapidement, couvrez et laissez lever pendant 2 heures environ.

2. Disposez en fontaine le reste de la farine sur le plan de travail et ajoutez le beurre fondu, les œufs battus, le sucre, une pincée de sel, le zeste de citron, les raisins bien égouttés et les amandes effilées.

3. Mélangez rapidement les ingrédients puis ajoutez la pâte levée et procédez au pétrissage.

4. Déposez la pâte dans un moule légèrement huilé (si possible un moule à kouglof), couvrez avec un tissu en laine et laissez lever jusqu'à ce que la pâte atteigne le bord du moule (environ 30 minutes). Afin de faciliter le levage vous pourrez poser le moule à côté d'une source de chaleur (le four allumé ou un radiateur).

5. Mettez dans le four à 180-190 °C pendant 60 minutes environ. Sortez le gâteau quand il sera bien doré et saupoudrez de sucre glace.

PANETTONE DE GÊNES*

15 g de levure
1 kg de farine 45 tamisée en plus de celle qui est utilisée pour la pâte levée
500 g de sucre
550 g de beurre
300 ml d'eau tiède
1 kg de raisins secs trempés dans de l'eau tiède
300 g de pignons
200 g de cédrat confit
le jus d'une orange ou quelques gouttes d'essence de fleurs d'oranger

Préparation
60 minutes environ

Levage
4 jours + 12 heures

Cuisson
60 minutes

1. Mélangez 100 g de farine et 10-15 g de levure dissoute dans de l'eau tiède. Pétrissez afin d'obtenir une boule de pâte élastique mais pas trop consistante. Mettez-la dans une terrine, couvrez-la et laissez reposer pendant une nuit.

2. Le matin suivant, pétrissez à nouveau en ajoutant encore 100 g de farine et un peu d'eau pour fabriquer une nouvelle pâte ayant la même consistance que la précédente. Laissez reposer couvert pendant 12 heures. Répétez ensuite l'opération puis procédez de même jusqu'au matin du quatrième jour. Vous avez ainsi obtenu une pâte bien levée.

3. Le quatrième jour, disposez 1 kg de farine en fontaine sur le plan de travail et mettez au milieu 1 kg de pâte « mollette » ; ajoutez 1 kg de raisins secs, le sucre et le beurre dissous dans l'eau, le jus d'orange ou l'essence de fleurs d'oranger, les pignons toastés et le cédrat confit ainsi que l'eau restante.

4. Pétrissez pendant 20 minutes environ, façonnez des boules d'environ 800 g chacune et laissez lever pendant 12 heures dans un endroit couvert et tiède.

5. Déposez le tout sur une plaque enduite de beurre et saupoudrée de farine.

6. Pratiquez sur chaque boule une incision en triangle et passez au four chaud à 180 °C pendant 60 minutes. Au bout de ces 60 minutes, éteignez le four et, sans l'ouvrir, laissez le panettone refroidir. Attendez 24 heures avant de le consommer.

* Le panettone est un gâteau italien qui se mange pendant la période de Noël. Il est de plus en plus connu et apprécié en France.

*P*ANETTONE MILANAIS*

1 kg de farine blanche de très bonne qualité
30 g de levure de bière
300 g de beurre fondu
250 g de sucre
700 g de raisins secs et de fruits confits (écorces d'oranges et cédrat)
5 œufs entiers et 6 jaunes
une pincée de sel
de l'eau tiède en quantité suffisante

Préparation
60 minutes

Levage
2 heures
+ 2 heures
+ 2 heures
+ 2 heures

Cuisson
45 minutes environ

1. Dans une terrine, préparez un mélange avec 250 g de farine, 25 g de sucre, un œuf entier, 30 g de levure et un peu d'eau tiède à 35 °C. Couvrez le récipient et laissez reposer pendant 2 heures.

2. Ensuite, ajoutez à la pâte levée encore 250 g de farine, deux jaunes d'œufs et deux œufs entiers, 75 g de sucre et un peu d'eau tiède ; mélangez rapidement et laissez lever pendant 2 heures encore.

3. Disposez en fontaine 500 g de farine sur un plan de travail et ajoutez le sucre restant, le beurre fondu, les œufs et les jaunes restants avec une pincée de sel. Ajoutez ensuite la pâte levée, les raisins secs et les fruits confits.

4. Pétrissez soigneusement pour former un amalgame de tous les ingrédients.

5. Façonnez une ou deux boules de pâte et laissez lever pendant 2 heures environ.

6. Dégonflez la pâte et pétrissez-la rapidement, ensuite déposez-la dans un moule adapté et attendez qu'elle lève encore 2 heures.

7. Pratiquez une incision en croix sur la surface et passez au four à une température de 180-190 °C pendant 45 minutes environ. Après l'avoir enlevé du four, laissez reposer le panettone retourné pendant 24 heures (pour le retourner utilisez deux aiguilles à tricoter enfoncées en X sur le fond).

* Il est préférable de consommer le panettone quelques jours après l'avoir préparé car il est très humide quand il vient de sortir du four.

Panquemado

500 g de farine blanche 45
300 ml d'eau
10 g de sel
20 g de levure de bière
4 œufs
100 g de sucre
100 ml d'huile d'olive

Préparation
40 minutes

Levage
20 minutes
+ 90 minutes

Cuisson
30 minutes

1. Préparez une pâte levée assez molle comme celle du pain ordinaire (cf. page 38).

2. Ajoutez ensuite les jaunes d'œufs.

3. Mettez la pâte dans un récipient assez grand ou bien placez-la sur le plan de travail, et ajoutez tous les autres ingrédients. Amalgamez l'ensemble pour obtenir une pâte fine et élastique.

4. Laissez reposer la pâte pendant 20 minutes (premier levage).

5. Divisez ensuite la pâte et préparez les petites miches qui doivent être disposées sur des plats bien huilés. Couvrez-les et laissez-les lever pendant au moins 90 minutes.

6. Battez les blancs et badigeonnez la surface des miches avant de les saupoudrer de sucre.

7. Mettez au four à 180 °C pendant 30 minutes.

Il s'agit d'une recette espagnole qui est en général réalisée avec de la levure naturelle (cf. page 13) pour que le pain ait un meilleur goût et soit plus croustillant.

Tresse à l'anis

1 kg de pâte à pain déjà levée (voir la recette du pain ordinaire, page 38)

10 g d'anis en petits grains

Préparation
15 minutes

Levage
20 minutes
+ 20 minutes

Cuisson
30 minutes environ

1. Incorporez l'anis à la pâte. Façonnez des pâtons de 80 g environ. Laissez reposer pendant 20 minutes.

2. Allongez chaque morceau en bâtonnets de 30 cm. Rabattre l'un des bouts exactement au tiers du bâtonnet et appuyez avec le doigt sur l'extrémité de ce bout pour le souder.

3. Dans la boucle ainsi formée, donnez un coup de couteau : on obtient ainsi trois branches. Modelez la tresse puis mettez-la sur une plaque et laissez reposer encore 20 minutes.

4. Passez au four chaud et laissez cuire pendant 30 minutes environ.

5. Badigeonnez la surface d'œuf battu, à l'aide d'un pinceau.

6. Laissez cuire dans un four à 180 °C pendant 30 minutes environ.

Pizza de base

500 g de farine blanche

15 g environ de levure

7 cuillerées à soupe d'huile

7 pincées de sel

de l'eau ou du lait tiède en quantité suffisante

Préparation
60 minutes

Levage
2 heures
+ 60 minutes
+ 10 minutes

Cuisson
15 minutes environ

1. Émiettez la levure dans une terrine, ajoutez un peu d'eau chaude et de farine prélevée sur la dose et amalgamez jusqu'à obtenir une pâte plutôt molle. Couvrez et laissez reposer pendant au moins 2 heures.

2. Disposez le reste de la farine en fontaine sur le plan de travail et ajoutez au milieu la pâte levée, l'huile et le sel, que vous avez fait dissoudre dans l'eau ou le lait chaud.

3. Pétrissez longtemps en amalgamant bien les ingrédients ; il convient de rappeler que si la pâte est trop compacte, vous pouvez rajouter de l'eau ou du lait. Pétrissez jusqu'à ce que la pâte devienne souple et élastique.

4. Ramassez la pâte pour former une boule, couvrez-la avec un torchon et laissez lever pendant 60 minutes environ.

5. Quand elle aura doublé de volume, recommencez à pétrir, séparez ensuite la pâte en quatre boules et laissez-les lever à nouveau pendant 10 minutes. Après, étalez-les en vous aidant d'abord d'un rouleau et ensuite uniquement des mains. Pensez à laisser les bords plus épais de façon que la garniture ne déborde pas, huilez la surface de la pâte et assaisonnez comme vous le désirez. Placez la pâte plate sur la plaque du four légèrement huilée ou dans des moules ronds de 35 cm de diamètre et de 3 à 5 cm de hauteur.

PRÉPARATION DE LA PIZZA

1. Une fois parvenu au point 2 de la recette, préparez la farine sur le plan de travail

2. Rassemblez la pâte levée et avec éventuellement un peu d'eau...

3. ... effectuez le pétrissage...

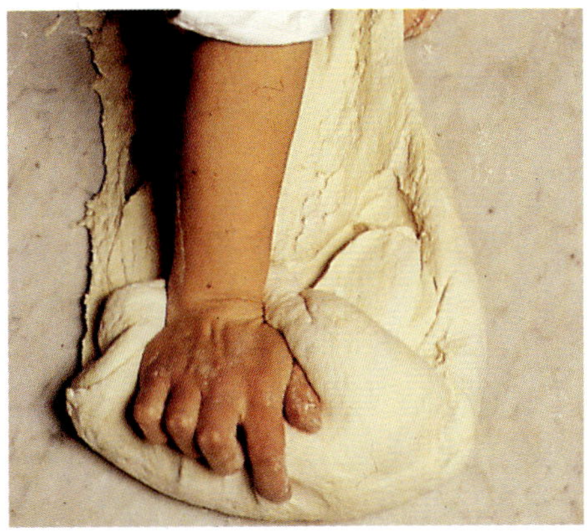

4. ... en malaxant bien la pâte

5. Assaisonnez la pâte avec de l'huile (attention : il est plus facile d'introduire l'huile au début)

6. Faites un bon amalgame

7. Après le levage, divisez la pâte en portions régulières...

8. ... et travaillez chaque portion de façon à obtenir de petites miches arrondies. Laissez lever

9. Huilez les plats

10. Étalez la pâte avec les mains ou un rouleau, jusqu'à ce qu'elle soit bien fine

11. Mettez-la dans le plat...

12. ...et assaisonnez-la comme vous le voulez

13. Voici à présent un exemple de garniture : répartissez la tomate en laissant un espace libre de la valeur de deux doigts sur le bord

14. Étalez uniformément la garniture

15. Ajoutez le fromage, de préférence de la mozzarella

16. Complétez avec des câpres, du basilic...

17. ... des olives...

18. ... et une pincée d'origan, du sel et un filet d'huile...

... et voici votre pizza garnie de sâveurs méditerranéennes : olives, câpres et basilic

PIZZA MARGHERITA

500 g de farine blanche
15 g de levure
250 g de tomates fraîches ou en boîte
2 mozzarellas
de l'huile, du sel, de l'origan, du basilic en quantité suffisante

Préparation
60 minutes

Levage
2 heures + 60 minutes

Cuisson
15 minutes environ

1. Émiettez la levure dans une terrine, ajoutez un peu d'eau chaude et de farine prélevée sur la dose et amalgamez jusqu'à obtenir une pâte plutôt molle. Couvrez avec un torchon et laissez reposer pendant au moins 2 heures.

2. Disposez le reste de la farine en fontaine sur le plan de travail et ajoutez la pâte levée, l'huile, l'eau et le sel. Pétrissez jusqu'à obtenir un produit uniforme et laissez lever pendant encore 60 minutes.

3. Préparez 4 disques de pâte (voir le point 5 de la recette sur la pizza de base), et couvrez la surface avec les morceaux de tomates préalablement pelées et épépinées. Vous pouvez également utiliser des tomates en boîte de 250 g. Sur les tomates, répartissez un peu de basilic haché. Ajoutez la mozzarella en fines lamelles, le sel et en dernier un filet d'huile avec, si vous le désirez, un peu d'origan.

4. Passez au four à 180 °C et laissez cuire pendant 15 minutes.

Pizza napolitaine

500 g de farine blanche
15 g de levure
250 g de tomates fraîches ou en boîte
6 cuillerées à soupe d'huile d'olive
3 feuilles de basilic
2 mozzarellas
des filets d'anchois à volonté
de l'origan et du sel en quantité suffisante
de l'eau en quantité suffisante

Préparation
60 minutes

Levage
2 heures + 60 minutes

Cuisson
15 minutes environ

1. Émiettez la levure dans une terrine, ajoutez un peu d'eau chaude et de farine prélevée sur la dose et amalgamez jusqu'à obtenir une pâte plutôt molle. Couvrez et laissez reposer pendant au moins 2 heures.

2. Disposez le reste de la farine en fontaine sur le plan de travail et ajoutez au centre la pâte levée, l'huile, l'eau et le sel en quantité suffisante. Pétrissez jusqu'à obtenir un produit uniforme et laissez lever pendant encore 60 minutes.

3. Préparez 4 disques de pâte (voir le point 5 de la recette sur la pizza de base), et déposez-les, un ou deux à la fois, sur une plaque légèrement huilée. Coupez finement les tomates fraîches ou les tomates pelées en boîte, écrasez-les avec une fourchette et éliminez un peu d'eau ; ensuite, mettez-les sur la pâte en laissant libre une bordure d'environ 2 cm. Sur les tomates, ajoutez des feuilles de basilic égoutté, la mozzarella finement coupée et les filets d'anchois.
Versez un filet d'huile, et ajoutez du sel et de l'origan.

4. Passez au four à 250 °C et laissez cuire pendant 15 minutes.

GÂTEAU AU PAIN

500 g de pain rassis
1 l de lait
250 g de sucre
3 œufs battus
150 g de raisins secs
70 g de rhum
1/2 sachet d'épices
100 g de chocolat en morceaux
des fruits confits, des amandes et des pignons à volonté

Préparation
20 minutes environ

Levage
Cette recette ne prévoit pas de levage

Cuisson
50 minutes environ

1. Émiettez le pain dans une terrine et mouillez-le avec du lait. En même temps, dans un verre, faites tremper les raisins dans le rhum.

2. Battez avec le fouet le pain mouillé pour en faire une bouillie.

3. Ensuite, ajoutez le sucre, les œufs, les épices et les raisins avec le rhum et le chocolat.

4. Versez dans un moule à gâteau huilé.

5. Disposez sur la surface les pignons, les amandes et les fruits confits.

6. Passez au four à 190 °C pendant 50 minutes environ.

TORTILLAS MEXICAINES

200 g de farine blanche
170 g de farine de maïs
3 tasses environ de lait
1 cuillerée à café de sel
de l'eau en quantité suffisante

Préparation
10 minutes

Levage
Cette recette ne prévoit pas de levage

Cuisson
6-8 minutes
pour chaque tortilla

1. Dans une terrine, versez le lait, les farines et le sel, mélangez en ajoutant petit à petit de l'eau.

2. Mélangez bien afin d'obtenir un produit mou mais pas trop liquide.

3. Prenez une petite poêle en fer et mettez-la sur le feu ; versez une cuillerée à café d'huile sur le fond. Quand cela sera bien chaud, à l'aide d'une cuillère, prenez un peu de pâte molle et mettez-la dans la poêle en quantité suffisante pour recouvrir le fond.

4. Faites cuire sur le feu pendant 3-4 minutes ; ensuite, quand la tortilla aura pris de la consistance, retournez-la et faites cuire encore 3-4 minutes. Répétez cette opération au fur et à mesure avec chaque tortilla jusqu'à ce qu'il n'y ait plus de pâte.

Un pain fait maison et un vin naturel font partie des aliments principaux d'un bon régime méditerranéen (photo Espace Pain Information)